NOTICE HISTORIQUE

SUR LA

FAMILLE TERROT

3.

m

4.

NOTICE HISTORIQUE

SUR LA

FAMILLE TERROT

DE

PONT-EN-ROYANS

(ISÈRE)

Suivie de notes et pièces justificatives
et authentiques.

───────※───────

VIENNE

IMPRIMERIE ET LITHOGRAPHIE DE SAVIGNÉ

PLACE DE L'HOTEL-DE-VILLE, 13.

—

1865

1866

AVANT-PROPOS

L'auteur de ces notes ne songeait pas du tout à en faire le relevé lorsque, sur la fin de l'année 1863, passa à Pont-en-Royans, M. Théodore Ogier, auteur d'un ouvrage immense, s'il le termine, intitulé : *La France par cantons*. Cet historien le pria de rechercher dans ses vieilles archives quelques matériaux qui pussent servir à l'histoire de Pont-en-Royans, si remplie de vicissitudes, à l'époque désastreuse des guerres de religion.

Ce dépouillement de vieux papiers qui remplissaient quatre grands coffres relégués au galetas de notre maison de Château-Gaillard, et dont partie était malheureusement mangée par les rats, a décidé l'auteur à faire cette analyse qui, au surplus, n'est destinée qu'à la famille, ou à quelques parents et amis qui voudront prendre la peine de la lire.

Ce n'est point par esprit de vanité que l'auteur a transcrit ces notes, mais il a pensé qu'il serait agréable et utile à la famille de les conserver, et que l'exemple d'une suite d'aïeux ayant vécu honorablement et s'étant toujours bien alliés, serait, pour les descendants de la famille, un motif pour les imiter autant que possible. Au surplus, c'est un faible souvenir qu'il laisse de son passage en ce bas monde.

NOTICE HISTORIQUE

SUR LA

FAMILLE TERROT

DE

PONT-EN-ROYANS

Pont-en-Royans, qu'a toujours habité la famille Terrot, était autrefois l'ancienne capitale du Royannais, et le chef-lieu du marquisat appartenant, de temps immémorial, aux barons de Bérenger-Sassenage. Ce marquisat était composé de sept communes : Le Pont, Choranche, Rencurel, Châtelus, Echevis, Sainte-Eulalie et Saint-Laurent-en-Royans où les barons de Bérenger-Sassenage avaient un très-beau château, appelé *la Bâtie*, qui était au centre et dominait toute la vallée du Royannais.

Le Pont-en-Royans était anciennement une ville fortifiée par sa position et par des remparts dont on découvre encore les ruines et les portes ; on connaît aussi la place où existait l'arsenal et les vestiges de la maison-forte, appelée la *Cour vieille* (aujourd'hui par corruption *Corbeille*), qui défendait le passage du pont qui existe sur la rivière de Bourne. Il

avait une population de quatre à cinq mille âmes,
qui, à défaut de territoire, se livrait à la fabrication
de la draperie : sa population s'empressa d'embras-
ser la réforme, et bientôt le temple remplaça l'é-
glise et le culte protestant seul fut exercé dans la
ville.

Ce fut ce zèle pour le protestantisme, joint à sa
position de ville fortifiée, qui, plus tard, fut cause
de sa ruine : par les luttes religieuses dont elle fut
le sanglant théâtre, et enfin, par la révocation de
l'édit de Nantes, qui fit émigrer à l'étranger une
partie de sa population.

Les partis catholiques et protestants, dit *l'Album
du Dauphiné*, attachaient beaucoup d'importance à
la possession de Pont-en-Royans, qui était la ville
la plus forte et la plus considérable du Royannais,
et qui commandait l'entrée des montagnes de Lans
et du Vercors. (*Voir à la fin de la Notice, n° 1.*)

Aujourd'hui Pont-en-Royans, bien déchu de son
importance, est un simple chef-lieu de canton, peu-
plé de douze à quinze cents habitants, très-bons catholiques ; une seule famille exerçait encore le culte
protestant, elle s'est éteinte de nos jours.

Quoique exercé et assez habile à lire les écritures anciennes, je dois convenir que j'ai eu bien
de la peine à déchiffrer l'écriture antérieure à 1500,
et même celle du commencement du 16me siècle ;
cependant, je vois à cette époque divers notaires
au Pont, porter le nom de Terrot, et j'ai fait une
liasse particulière d'actes reçus par eux.

Je vois d'abord un acte d'albergement, sur grand parchemin, reçu par MM^{es} Perrochin et Terrot, notaires, le 3 novembre 1569. Il est probable que ce Terrot, notaire, était le père d'Etienne Terrot, que nous avons établi le premier de la race et dont nous allons parler ci-après; et ce qui me confirme dans cette présomption, c'est que je vois que, par acte reçu Me Pibère, notaire, le 11 novembre 1571, Jacques Terrot maria Claude, son fils cadet, avec Jeanne Chaix, et lui constitua douze vingts florins et un lit garni, qui furent payés par Etienne Terrot, son frère, suivant acte reçu Me Chaléon, notaire, le 4 février 1608.

2 janvier 1580. — Vente sur grand parchemin, reçue Claude Terrot, notaire, expédiée et grossoyée par Me Macaire, notaire, à ces fins commis par Annet de Maugiron, seigneur de Lessin et de Beauvoir, bailli du bas Viennois et Valentinois au siége de Saint-Marcellin.

22 janvier 1599. — Diplôme de notaire sur grand parchemin délivré à Gaspard Terrot, par François de Bourbon, prince de Condé, gouverneur pour le Roi, et lieutenant-général en la province de Dauphiné.

16 décembre 1614. — Lucrèce Terrot, fille et héritière de Gaspard Terrot, notaire, obtient des lettres *De Debitis* de François de Bonne, seigneur Desdiguières, duc de Champsaur, maréchal de France, lieutenant-général pour le Roi au gouvernement de Dauphiné; à l'effet de poursuivre le paiement de

toutes les créances dues audit Gaspard Terrot, son père, en son vivant notaire au Pont.

Il est évident que si ces Terrot, notaires, n'étaient pas les auteurs ou tout au moins les parents de la famille, je n'aurais pas trouvé ces actes dans nos papiers.

Enfin, à la création de la régie de l'enregistrement, sur la fin du 17me siècle, ce fut un Terrot qui fût le premier receveur d'enregistrement du Pont. Nous voyons divers exploits enregistrés par Terrot, notamment un exploit de Clot, huissier, en date du 3 juin 1693, et un autre de Faresse, huissier, du 18 mars même année. Enfin, en 1707 et jusqu'en 1718, nous trouvons une infinité d'actes reçus par un Pierre Terrot, notaire, mais ce dernier fonctionnaire, quoique du même nom, n'appartenait pas à la branche aînée de la famille, que nous allons suivre pièces probantes à la main.

ÉTIENNE TERROT

ET

MARGUERITE POURROY

MARIÉS EN 1580.

(Voir aux notes, n° 2).

Sur la fin du 16me siècle, et peu d'années après le massacre de la Saint-Barthélemy (24 août 1572), vivait au Pont-en-Royans un nommé Etienne Terrot, zélé calviniste, qualifié dans tous ses actes de mar-

chand ; il paraît qu'à cette époque le titre de négociant n'existait pas, car j'ai vérifié dans les livres
de commerce de cet Etienne Terrot, marchand, qu'il
envoyait tous les mois à Lyon ou à Genève, pour
dix à douze mille livres de draps fabriqués au Pont-
en-Royans ; fabrication qui était alors la grande in-
dustrie du pays, et à cette époque où l'hectolitre
de blé valait à peine trois à quatre livres, une somme
de douze mille livres de mouvement commercial
par mois était énorme. D'ailleurs, les actes passés
par cet Etienne Terrot, et que nous allons énumé-
rer prouvent qu'il jouissait d'une très-grande aisance.

Cet Etienne Terrot s'était marié, en premières noces, avec Marguerite Pourroy, dont il avait eu six
enfants : deux fils, Jacques, son fils ainé et son héritier, et Just Terrot ; et quatre filles, savoir : Suzanne, mariée en premières noces à Mᵉ Barthélemi
Giroud, notaire au Pont ; en secondes noces à Jean
Gachet, médecin à Romans, et en troisièmes noces
à Jacques Roux, négociant à Romans. Elle eut des
enfants de ses trois maris, qui reçurent tous un
legs dans le testament d'Etienne Terrot, leur aïeul,
reçu Mᵉ Pallier, notaire, le 26 novembre 1614.

Jeanne épousa, le 8 novembre 1592, devant
Mᵉ Chasténier, notaire, Moïse Mucel, bourgeois au
Pont.

Anne, mariée à Pierre Terrot, son cousin, fils de
Philippe et de Philippa Chaléon, seconde femme
d'Etienne Terrot.

Enfin, Louise, décédée jeune et non mariée.

Etienne Terrot, veuf de Marguerite Pourroy, épousa, le 3 février 1597, acte reçu Mᵉ Chasténier, notaire, Philippa Chaléon. (*Voir aux notes, nᵒ 3*). veuve de Philippe Terrot, son cousin, dont il n'eut pas d'enfants et qui lui survécut.

. Cette dame Philippa Chaléon avait un fils de son premier mariage avec Philippe Terrot, nommé Pierre Terrot, qui épousa, quelques temps après, Anne Terrot, fille à Etienne, son parâtre, en sorte qu'ils firent un double mariage. La dame Chaléon, veuve de Philippe Terrot, épousa Etienne Terrot père, et Pierre Terrot, fils de Philippe et de la dame Chaléon, se maria avec Anne Terrot, fille d'Etienne ; de ce dernier mariage naquirent deux filles : Suzanne et Charlotte Terrot, et il paraît que ce Pierre Terrot avait de la fortune, car, d'après les actes et notamment la transaction reçu Mᵉ Pallier, notaire, le 26 avril 1647, nous voyons que Suzanne Terrot, l'une de ses filles, se maria avec noble Jean de Flandy, conseiller du roi et son procureur général en la chambre des comptes du Dauphiné ; et Charlotte Terrot, son autre fille, épousa noble Bertrand de Chatronnière. En sorte que cette branche cadette de la famille s'éteignit en la personne de ces deux dames de Flandy et de Chatronnière.

Pendant ces temps de troubles religieux et de complète anarchie, Etienne Terrot, qui s'était probablement mis à la tête de quelque parti protestant, fut trahi par trois de ses coréligionnaires, fait prisonnier et livré à Jean de Grammond, seigneur de Vachères, qui ne lui rendit la liberté qu'en lui faisant payer une rançon de 1500 livres, le 1ᵉʳ avril 1587. Mais lorsque le règne réparateur de Henri IV eut assoupi le feu des discordes civiles et rendu la paix à la France, Etienne Terrot en profita pour poursuivre judiciairement ceux qui l'avaient fait prisonnier et surtout ceux qui l'avaient fait rançonner. Après avoir obtenu trois arrêts du parlement, chambre de l'édit (1), en date des 19 mars 1603, 24 novembre 1604 et 12 juillet 1605, il se fit restituer, le 27 juin 1607, par M. de Grammond, seigneur de Vachères, qui probablement avait touché sa rançon, une somme de 2,700 livres, *lui faisant grâce du surplus. (Voir aux pièces justificatives, n° 4, la curieuse transaction du 27 juin 1607, que j'ai eu bien de la peine à déchiffrer, et qui donne une idée des guerres religieuses de cette époque)*.

Malgré toutes ces vicissitudes, Etienne Terrot avait acheté, par acte reçu Chasténier, notaire, le 22 février 1588, la terre de Vigne-Vacher, située à la

---

(1) Lorsque le roi Henri IV monta sur le trône, et par son édit de Nantes eut pacifié la France, en conciliant, autant que possible, les catholiques et les protestants, dont il avait été longtemps le chef, il créa une chambre de plus, auprès des parlements, appelée *Chambre de l'Edit*, qui était composée moitié de conseillers catholiques et moitié protestants ; devant laquelle étaient portées les procès de ces derniers. Cette chambre exista jusqu'à la révocation de l'édit de Nantes (1685). OEuvre déplorable du plus grand des despotes, et de la camérilla de l'époque, le père Lachaise, la Maintenon, etc.

sortie du Pont, au prix de huit vingt écus d'or sol ; cette terre fait partie de l'enclos de Château-Gaillard au couchant.

Le 15 septembre 1586, il avait acquis le domaine des Reynauds, sis à Chatelus.

Le 7 janvier 1606, et par acte reçu Mes Boisset et Martinais, notaires, il achète de M. Teste de La Motte, seigneur de Cognins et de Saint-Perey en Vivarais, les domaines du Béchat et Cordeil, situés à Rencurel, de la contenance d'environ cinq cents sétérées, tenant depuis l'église jusqu'à la rivière de Bourne ; cet acte fut passé par Jacques Terrot, bourgeois, fils ainé et mandataire d'Etienne Terrot, son père, moyennant le prix de cinq mille quatre cents livres, et trente sous d'étrenne pour Mme de La Motte, femme du vendeur. Mais je crois qu'à cette époque il y avait dans la monnaie des sous d'or. (*Voir aux notes, n° 5*).

Etienne Terrot possédait déjà le domaine de Presles, appelé encore aujourd'hui *Terrot*, qui plus tard, en 1700, fut cédé à Isabeau Terrot, épouse de Me Bellier, avocat au parlement, et c'est le même domaine, qui étant échu à titre successif à M. Abel Tézier, du chef de dame Marie Bellier, sa mère, a été de nos jours vendu par lui à Rozand-Bartalot.

Il possédait aussi le domaine de Brétou, sur Chatelus, vendu par mon aïeul au sieur Vial ; famille qui aujourd'hui habite Sainte-Eulalie.

Quoique propriétaire du clos de Vigne-Vacher, aujourd'hui Château-Gaillard, Etienne Terrot n'habitait pas cette campagne; sa maison d'habitation était au Pont, sur la Grande-Rue, en face de celle de M. Marchand. La moitié appartient aujourd'hui à M. Adolphe Seguin, et l'autre moitié, au couchant, à Glénad-Luno; elle était échue par droit de succession à Etienne Terrot de Lavalette, mon grand-oncle, qui fit reconstruire la façade.

J'ai vu par les reconnaissances portées sur les terriers de cette époque, qu'il possédait en outre plusieurs vignes et maisons sises au Pont, notamment une maison située sur la place du Breuil, au-dessous de la chapelle des Pénitents, aujourd'hui justice de paix, vendue par mon père à Antoine Guinard, en 1798, appartenant à présent à Mme Buisson. Il avait aussi les deux maisons, au midi, jusqu'à l'Hôpital; si bien que M. Tézier, pour aller à son jardin, fut obligé d'acheter un passage, et à cette occasion, s'engagea, par acte, à faire un pavé dans le couloir, ou fossé de la ville, pour conserver les maisons de son vendeur.

Etienne Terrot était déjà cessionnaire des droits seigneuriaux et terriers de divers seigneurs qui possédaient des terres dans le Royannais et dans le duché pairie d'Hostung, savoir:

Par acte passé devant Me Boisset, notaire à Saint-Marcellin, le 14 mars 1607, il acheta les rentes et droits seigneuriaux de noble Antoine Bertrand de Chatronnière, qui étaient indivis avec noble François de Langon.

Par acte reçu Giroux, notaire, le 14 février 1609, il acheta de Mᵉ Antoine de Chaude, de Montellimar, toutes les rentes, pensions, censes et droits seigneuriaux, que ledit sieur de Chaude prélevait annuellement sur les mandemens de Saint-Nazaire, Pont-en-Royans et autres lieux circonvoisins.

Par acte reçu Pallier, notaire, le 27 octobre 1607, l'investiture des dites rentes est prononcée en faveur d'Etienne Terrot, par messire Antoine de Sassenage, marquis du Pont, acte passé au château de La Bâtie.

Par acte reçu par Mᵉˢ Brenier et Giroud, notaires, le 20 décembre 1610, il acheta encore de M. de Chatronnière, les droits seigneuriaux que ce dernier avait acquis de noble Gaspard de Langon, et de noble Claude de Villette, sieur d'Herbled, et par autre acte reçu Brenier, notaire, le 8 avril 1611, l'investiture et acquisition desdits droits est prononcée en faveur dudit Etienne Terrot, par haut et puissant Seigneur messire Antoine d'Hostung, seigneur de la Baume, Saint-Nazaire et autres places.

Le 3 août 1609, autre investiture en faveur du dit Etienne Terrot, par Mᵉ Carra, notaire, acte passé dans la salle basse du château de la Baume.

Tous ces actes et acquisitions annoncent bien la grande aisance dont jouissait Etienne Terrot, à qui, je crois, on doit faire remonter l'origine de la fortune de la famille, attendu que, vu la difficulté de lire les écritures de 1500, je n'ai pu remonter plus haut ; cependant, j'ai vu par un acte de vente reçu par Mᵉ Nicolas Simon, notaire, le 11 août 1580, que son père s'appelait Jacques, et était qualifié de bourgeois; quant à lui, il était aussi parfois qualifié de bourgeois dans un acte obligatoire passé en sa faveur par un sieur Guillermond, devant M⁰ Chasténier, notaire, le 8 septembre 1583.

Etienne Terrot est décédé en 1622, après avoir marié, le 1ᵉʳ février 1619, Jacques Terrot, son fils aîné et son héritier, à Marguerite Arnaud-Balmas de Saint-Paul-les-Romans, née en 1600, mariage avantageux à la famille, ainsi que nous le verrons ci-après.

JACQUES TERROT

FILS AINÉ D'ÉTIENNE

ET

MARGUERITE ARNAUD-BALMAS

MARIÉS LE 1ᵉʳ FÉVRIER 1619.

Après le décès d'Etienne Terrot, ses deux filles, Suzanne et Jeanne, et Pierre Terrot, veuf d'Anne Terrot et administrateur de Suzanne et Charlotte Terrot, ses deux filles, représentant leur mère, présentent requête, le 9 octobre 1625, pour avoir un supplément de légitime ; elles exposent qu'Etienne Terrot, leur père et aïeul, a laissé des immeubles valant trente mille livres, et des obligations et actifs pour une somme de quatre-vingt-dix mille livres.

Jacques Terrot, premier du nom, n'avait pas at-

tendu la mort d'Etienne Terrot, son père, pour faire
des affaires importantes. Par acte reçu M° Paget,
notaire à Sassenage, le 16 février 1603, il avait
acheté de messire Antoine de Sassenage, agissant
en qualité d'héritier de Laurent de Sassenage, son
père, toutes les rentes et droits seigneuriaux dont ces
derniers jouissaient sur les terres du Villard, Méau-
dre, Corançon et Montagnes de la Baronnie, moyennant 1,300 livres et un quintal huile d'olive.

Mais un acte bien plus important et qui à lui seul
pouvait faire la fortune d'une famille, fut la cession
que lui fit, le 1er février 1613, devant M° Pallier, notaire (1), M. le baron Antoine de Sassenage, marquis
du Pont, qui emprunta du dit Jacques Terrot, une
somme de seize mille six cents livres pour payer
Mme Jeanne de Sassenage, épouse de M. de Brion, sa
sœur, et pour sûreté du remboursement de cette
somme, M. le marquis lui céda et engagea tous les droits
seigneuriaux et féodaux de ses terres de Rencurel
et de Choranche, faisant partie du marquisat du Pont,

(1) Les Pallier ont été notaires au Pont-en-Royans, pendant la
première moitié du dix-septième siècle ; ce fut M° Pallier, notaire,
qui reçut, en 1613, l'acte par lequel M. le marquis de Sassenage, emprunta de Jacques Terrot, une somme de 16,600 livres, et engagea en sa faveur ses seigneuries et droits féodaux de Rencurel
et de Choranche, communes qui faisaient partie du marquisat du Pont.

La famille Pallier a quitté le Pont il y a environ cinquante ans,
pour aller habiter à Sainte-Eulalie-en-Royans ; mais, par un rap-
prochement extraordinaire, la signature de feu M. Pallier père, et
celle de M. Pallier, maire actuel de Sainte-Eulalie, ont beaucoup
de rapports avec celles des notaires, leurs aïeux, qui exerçaient
au Pont, il y a deux siècles et demi.

avec pouvoir d'exiger les rentes, censes, lots, moulins, fours et généralement tous les droits seigneuriaux que le dit marquis avait sur ces deux communes de Rencurel et de Choranche, et cet engagement devait subsister jusqu'à ce que M. de Sassenage eut remboursé la somme prêtée de seize mille six cents livres ; remboursement qui ne s'effectua que quarante ans après.

Jacques Terrot 1er avait précédemment acquis d'un nommé François Rognin, un domaine à Rencurel, appelé Cordeil, suivant acte reçu Chasténier, notaire, le 15 novembre 1597.

Par acte reçu Pallier, notaire, le 12 février 1619, il acheta le restant du domaine du Béchat, de noble demoiselle Dauphine du Béchat, veuve de Philippe d'Arzac, sieur de la Cardonnière, famille noble qui existait à St-Jean-en-Royans et qui s'est éteinte.

Le 30 avril 1620, devant Pallier, notaire, Jacques Terrot 1er passe quittance à la communauté de Saint-André, d'une somme de 2,296 livres que son père avait prêtée à ladite communauté.

Le 1er février 1619, acte reçu Pallier, notaire, il épouse Marguerite Arnaud-Balmas de Saint-Paul.

Le 11 juin 1619, et par acte reçu le même notaire, il donne à prix fait la construction des murs de l'enclos de Vigne-Vacher, aujourd'hui Château-Gaillard, moyennant vingt-sept sous la toise.

En 1622, étant consul du Pont, il reçoit une lettre écrite et signée par le connétable Lesdiguières ; il donne à prix fait les réparations des quatre portes de la ville ; il paye les officiers de la compagnie des chevau-légers que M. de Sassenage avait formée pour aller au siége de la Rochelle.

Enfin, par acte reçu Giroud, notaire, le 1er janvier 1627, il paye à Just Terrot, son frère, ses droits et parts légitimaires sur les successions d'Etienne Terrot et Marguerite Pourroy, père et mère communs.

Jacques Terrot 1er, qui avait épousé, le 1er février 1619, Marguerite Arnaud-Balmas de Saint-Paul, avec toutes ses propriétés, ses capitaux et surtout ses droits seigneuriaux, était en voie d'augmenter sa fortune, mais la providence avait marqué le terme d'une vie si nécessaire à sa famille, et le 11 novembre 1628, après neuf ans de mariage, il mourut, jeune encore, laissant cinq enfants, sous la tutelle de Marguerite Arnaud-Balmas, leur mère, âgée de 28 ans, savoir :

1° Etienne Terrot, né le 15 décembre 1620, mort le 14 mai 1634, à l'âge de 14 ans ;

2° Philippa Terrot, mariée le 11 février 1639, devant Buisson, notaire à Grenoble, à Jean Glénat, bourgeois du Pont (*Voir* n° 6) ;

3° Bonne Terrot, épouse de noble Jean de Gilbert, seigneur de Chomel, avocat en la cour, habitant à Die ;

4° Suzanne Terrot, mariée à Antoine Aubert, avocat à Die ;

5° Jacques Terrot, 2me du nom, né le 22 avril 1628,

qui, par la mort de son frère aîné, devint héritier, et a perpétué la famille.

Jacques Terrot 1er avait fait son testament devant Me Pallier, notaire, le 18 octobre 1628 ; il avait nommé sa femme tutrice, et le sieur Just Terrot, son frère, co-tuteur, les dispensant de faire inventaire de ses biens, s'en rapportant à leur bonne foi ; il recommande à ses enfants d'être bien obéissants à leur mère, il lègue six mille livres à chacune de ses filles, et institue pour son héritier universel Etienne Terrot, son fils aîné, et en cas de décès de son héritier, il substitue son héritage à Jacques Terrot, son second fils, et en cas de mort à ses filles, par ordre de primogéniture, et décéda dans cette volonté, le 11 novembre 1628.

Jacques Terrot, premier du nom, avait été longtemps consul du Pont ; ce fut sous son consulat qu'eut lieu le Synode provincial du Dauphiné, assemblé à Pont-en-Royans, le 29 juin 1622, et dont les actes originaux sont conservés à la bibliothèque publique de Grenoble ; plus de 80 ministres y assistèrent.

Nous pensons qu'on verra avec plaisir quelques actes de son administration, et entre autres, une lettre qui lui fut adressée par le connétable Lesdiguières *(Voir n° 7).*

Après son décès, Marguerite Arnaud-Balmas, sa veuve, administra les biens de la famille, mais, malheureusement pour ses enfants, elle ne survécut à son mari que de vingt mois, et décéda *intesta* le 15 juin 1630, âgée de trente ans, laissant ses cinq enfants sous la tutelle de Just Terrot, leur oncle, homme incapable, négligent, qui laissa péricliter tous les titres, dépérir les propriétés, négligea l'éducation de ses pupilles, se laissa faire des poursuites, des frais et même subhaster et saisir le domaine de Presles et le clos de Vigne-Vacher, aujourd'hui Château-Gaillard.

Suzanne Raphaël, veuve Arnaud-Balmas, de Saint-Paul, aïeule maternelle des mineurs Terrot, qui avait pris et retiré chez elle les deux plus jeunes : Jacques et Suzanne, présenta requête à l'effet de choisir un autre tuteur. Une assemblée de parents eut lieu devant M. de Chatronnière, châtelain du marquisat du Pont, à ces fins commis ; cette assemblée se composa de MM. Raphaël, avocat au parlement, grand-oncle maternel des mineurs ; Dantour, procureur au balliàge de Saint-Marcellin, cousin maternel ; André Arnaud-Balmas, notaire à Saint-Paul, oncle maternel ; Just Terrot, oncle paternel ; Pierre Pourroy, oncle paternel ; Jean Rivail, Moïse Mucel et Pierre Terrot, aussi oncles paternels par alliance ; François et Samüel Pourroy, Jacques et Antoine Chaix, Gaspard Donzel cousins et alliés des pupilles. Il fût décidé par cette assemblée de parents, qu'on adjoindrait à Just Terrot, tuteur nommé dans le testament de Jacques, son frère, les sieurs Pierre Terrot et Arnaud-Balmas, pour surveiller sa gestion, et ce dernier fut chargé d'affermer les domaines et terres des mineurs, vendre les meubles et les bagues et joyaux délaissés par Marguerite Arnaud-Balmas, veuve de Jacques Terrot, et mère des mineurs. Le jeune Etienne Terrot fut confié à M. Dérieu, ministre protestant au Pont ; les trois filles, Philippa, Bonne et Suzanne furent confiées à Mme Dérieu, *pour les élever dans la vertu*, dit l'assemblée de parents ; quant au petit Jacques, le plus jeune, qui avait six mois lors du décès de son père, et deux ans à la mort de sa mère, il fut emmené à Saint-Paul par son oncle Arnaud-Balmas, qui le mit à l'école à Romans, à sept sous par mois.

Dans l'inventaire des biens délaissés par Marguerite Arnaud-Balmas, veuve de Jacques Terrot 1er, fait par Me Pallier, notaire, le 5 juillet 1630, et en présence des parents assemblés, comparut M. Dérieu, pasteur de l'église réformée du Pont, qui dit et exposa : « qu'il y avait environ une année, la « dame veuve Terrot, née Balmas, le pria, ainsi « que sa femme, de lui garder une cassette jusqu'à « ce qu'elle la retirât, et qu'elle leur envoya par « Jeanne Barot, sa chambrière, cette cassette « enveloppée dans une serviette de cordaille, cou- « sue en trois endroits avec du fil blanc ; qu'ils « l'ont depuis lors gardée et qu'ils rendent de « bonne foi la dite cassette sans savoir ce qu'il y a « dedans. »

La cassette qui était hermétiquement fermée fut ouverte à l'aide d'une clé trouvée dans une petite boîte qui était dans une garde-robe en noyer ; dans cette boîte étaient aussi deux petites clés en laiton servant à ouvrir des baguiers qui se trouvaient dans la cassette.

Cette cassette contenait un masque en velours noir, des gants, collier en or garni de diamants et de perles, bracelets, bagues, boucles d'oreilles garnies en diamants, ceinture en argent, chaîne en or, qui furent estimés par les sieurs Baron et Nave, orfèvres à Grenoble.

Etienne Terrot, fils aîné, et héritier de Jacques 1er qui avait été confié au pasteur Dérieu, étant décédé le 14 mai 1634, ce fut Jacques 2me, son frère, qui, aux termes de la substitution *fidei* commissaire insérée au testament, devint héritier universel des biens de Jacques 1er, son père, et c'est à ce petit Jacques, orphelin, que nous devons la continuation de la famille.

Just Terrot, oncle paternel des mineurs, continua la tutelle sous l'inspection de Pierre Terrot et Arnaud-Balmas, leurs oncles, mais cette gestion était au-dessus de ses facultés, et toutes les affaires de la famille périclitèrent, notamment les obligations dûes aux pupilles et les droits seigneuriaux de Rencurel, Choranche et autres, et nous voyons par les documents de l'époque, qu'avec tous les biens de la famille, à peine payait-il les frais d'éducation et d'entretien des cinq pupilles confiés à ses soins.

Il faut pourtant convenir qu'il régla pendant sa tutelle, diverses affaires importantes ; il paya à M. de Chaléon, les 6,000 livres que feu Jacques Terrot, son frére, avait empruntées devant Mᵉ Carra, notaire á St-Nazaire.

Il transigea avec Jeanne Terrot, femme de Moïse Mucel, tante des mineurs, et avec Pierre Terrot, veuf d'Anne Terrot, et administrateur de Charlotte et Susanne Terrot, ses deux filles, au sujet de leurs droits légitimaires sur les biens de feu Etienne Terrot et Françoise Pourroy, leurs père et mère.

Enfin, Just Terrot se fit catholique, et après avoir habité pendant cinq à six ans chez Philippa Terrot, femme Glénat, sa nièce, qui le gorgeait de dragées et de douceurs, il mourut, en 1664, après avoir donné par testament reçu Danglé, notaire, le 30 juillet 1664, tous ses biens à Jacques Terrot, son neveu.

JACQUES TERROT 2ᵉ

SUZANNE D'ARMAND DE BLACONS

MARIÉS LE 28 OCTOBRE 1657.

Jacques Terrot 2ᵐᵉ, qui avait six mois quand il perdit Jacques 1ᵉʳ son père, et deux ans à la mort de Marguerite Arnaud-Balmas, sa mère, avait été élevé à Saint-Paul, chez ses parents maternels; c'est celui de toute la famille qui l'a le plus illustrée, et dont la vie a éte la plus éprouvée par les vicissitudes diverses. Orphelin presque en naissant, il est élevé loin du berceau de sa famille ; il fait un mariage brillant sous tous les rapports et bien au-dessus de sa position ; il a une belle et nombreuse famille, et sur la fin de sa carrière, il a le chagrin de voir révoquer l'édit de Nantes (18 octobre 1685). Sa religion proscrite, le temple démoli, ses trois fils quittent le royaume, et vont prendre du service à l'étranger, évènement qui porta le coup le plus funeste à ses affections de famille et surtout à sa fortune.

Nous allons rapidement suivre les principaux actes de sa vie, commencée le 26 avril 1626 et finie le 15 février 1699.

Jacques Terrot 2me n'avait pas encore atteint sa majorité que, pourvu d'un excellent curateur à conseil, M. Dantour, procureur au balliage de Saint-Marcellin, son parent maternel, il s'empressa de réparer les torts que cette malheureuse et trop longue tutelle avait fait à sa fortune ; c'est ainsi qu'il dégagea et reprit le domaine de Presles, la terre et le clos de Vigne-Vacher (Château-Gaillard) que Just Terrot avait laissé saisir et subhaster pendant sa tutelle.

Dès le 9 janvier 1653, et par acte reçu Frère, notaire, il transige avec Just Terrot, son oncle et son tuteur, qui lui remet l'administration de tous ses biens, lui cède diverses obligations et lui paye deux mille et tant de livres ; au moyen de ce Jacques Terrot passe quittance et décharge à Just Terrot, de·

tous comptes de tutelle et lui laisse en viager la jouissance du domaine de Presles.

Cet acte fut passé par l'intermédiaire de nobles Etienne de Gilbert, avocat en la cour de parlement, qui plus tard devint son beau-frère en épousant Bonne Terrot, l'une de ses sœurs, et de Just Bertrand de Chatronnière, son cousin germain, comme ayant épousé Charlotte Terrot, fille de Pierre Terrot et Anne Terrot, mariés, et enfin, de Jacques Glénat son beau-frère.

Jacques Terrot eut à soutenir un procès contre ses trois sœurs Philippa, Bonne et Suzanne, qui prétendaient que le décès d'Etienne Terrot, leur frère aîné, mort à l'âge de quatorze ans, héritier universel de Jacques 1er, leur père, leur donnait une portion de l'héritage, mais le testament de ce dernier était clair et formel, et en cas de mort du fils aîné, héritier, tous les biens de la famille étaient substitués à Jacques, son second fils ; ensorte que, par sentence du juge du marquisat du Pont, du 23 décembre 1656, Jacques Terrot fut déclaré héritier substitué et envoyé en possession de tous les biens de la famille, et ses trois sœurs déboutées de leur demande, sauf à leur payer le legs de six mille livres que Jacques Terrot 1er, leur père, leur avait légué dans son testament du 8 octobre 1628.

Nous voyons par les divers actes intervenus que, le payement des legs faits aux trois filles, montant à dix-huit mille livres, devait être fait par l'héritier, partie en argent et partie en obligations et dettes actives de la succession. Cette disposition du testament du père, dont Jacques Terrot voulut profiter, donna lieu à diverses difficultés, et notamment avec Jean Glénat, son beau-frère, mari de Philippa Terrot, qui furent tranchées par transaction reçue Mᶜ Lavoret, notaire à Grenoble, le 1ᵉʳ février 1653.

Quant à Bonne Terrot, femme de noble Jean de Gilbert, seigneur de Chomel, avocat à Die, et Suzanne Terrot, épouse Aubert, ses deux autres sœurs, il paraît que tout fut réglé à l'amiable et sans procès.

M. de Gilbert passa quittance finale à son beau-frère Jacques Terrot, de tous les droits successifs de Bonne Terrot, sa femme, par acte reçu Didier, notaire, le 1ᵉʳ juin 1658.

Quant à M. Aubert, marié le 6 septembre 1659, il eut un fils de Suzanne Terrot, nommé Ozée Aubert, avocat à Die, qui, le 10 décembre 1714, et par acte reçu Tézier, notaire, passa quittance finale à Jean Terrot, son cousin germain, de tous les droits successifs de sa défunte mère.

Jacques Terrot, assisté de M. Dantour, son curateur à conseil, régla tous ses comptes avec les deux filles de feu Pierre Terrot, son oncle par alliance, qui avait été son tuteur, suivant transaction reçue Pallier, notaire, le 6 avril 1647; ces deux filles étaient Suzanne Terrot, femme de noble Jean de Flandy, conseiller du roi et son procureur-général en la chambre des comptes, et Charlotte Terrot, épouse de noble Gaspard Bertrand de Chatronnière; le tout fut terminé par un traité portant quittance passé devant M° Danglé, notaire, le 9 juin 1666, dans lequel les comptables rendirent compte des joyaux, diaments et bagues trouvés dans la cassette de la dame Arnaud-Balmas, mère de l'oyant compte.

Ce Pierre Terrot, fils à Philippe et à Philippa Chaléon, seconde femme d'Etienne Terrot, avait épousé Anne Terrot, fille de son parâtre et tante de Jacques Terrot, dont il eut deux filles, les dames de Flandy et de Chatronnière, qui, par conséquent, étaient cousines germaines de Jacques Terrot.

La famille de Chatronnière s'est éteinte de nos jours en la personne de Mme Chaptal de Grandmaison, qui cousinait encore avec Mlle Marguerite Terrot, ma tante, décédée en 1843. C'est elle qui a vendu la terre de Chatronnière, à Saint-Thomas, à M. Nugues, banquier à Romans.

Quant aux Flandy, le fils de Suzanne Terrot succéda à son père dans sa charge de procureur-général en la chambre des comptes ; il existait encore sur la fin du XVIIe siècle, et par suite d'affaires d'intérêts qu'il avait encore au Pont, je trouve une infinité de ses lettres adressées à Jacques Terrot qu'il traite de cousin ; mais depuis lors, un siècle et demi se sont écoulés, et je ne sais ce qu'est devenue cette famille Flandy et cette parenté.

En 1658, Jacques Terrot profita de l'édit du roi Louis XIV, et, moyennant un capital de 800 livres, il affranchit des tailles ses propriétés.

Nous arrivons à la plus belle époque de la vie de

Jacques Terrot ; il avait règlé et terminé tous ses
procès de famille, il etait tranquille possesseur de
tous les biens de la maison: les domaines du Béchat,
et de Cordeil à Rencurel, celui de Terrot à Presles,
celui du Briat à Saint-Martin-en-Vercors, celui de
l'Hermet à Echevis, celui de Brétou à Chatelus, des
terres et Bois à Sainte-Eulalie et à Saint-André, et
au Pont, la maison paternelle et la terre de Vigne-
Vacher, qui comprenaient non-seulement le clos de
Château-Gaillard, mais encore les terres et vignes ap-
pelées Dumas, possédées aujourd'hui par M. Xavier
Seguin, composaient sa fortune immobilière.

Dans la nomenclature des biens de Jacques Terrot, nous oublions le plus beau de ses revenus, les
rentes, censes, terriers et droits seigneuriaux de
Rencurel et Choranche, acquis par son père de
M. de Sassenage, en 1613, et ceux acquis de messires
de Chaude, de Châtronnière et la Baume, ainsi que
nous l'avons vu précédemment.

La jouissance de ces droits donnait à Jacques
Terrot une si grande importance, que, dans divers
arrêts du parlement qui sont aux pièces, et notamment dans celui du 6 septembre 1646, il est qualifié de seigneur de Rencurel et de Choranche ; il
l'était bien par le fait, comme engagiste et représentant M. le marquis de Sassenage, qui n'avait
point remboursé les 16,600 livres, prix de l'aliéna-
tion des mêmes droits seigneuriaux.

Cette rétrocession n'eut lieu que le 30 janvier
1653, par acte reçu Mᵉ Lavoret, notaire à Grenoble ;

en sorte que la famille Terrot jouit pendant quarante ans des droits seigneuriaux et féodaux de Rencurel et de Choranche.

Dans cette position, Jacques Terrot qui avait vingt neuf ans, ne pouvait pas manquer de faire un brillant mariage ; aussi trouvons-nous cet acte important parfaitement conservé sur grand parchemin et le 28 octobre 1657, par acte reçu Me Brénat, notaire, il épousa, dans le château de la Jonchère, près l'Ecancière, appartenant à M. Réné Dupuy de Montbrun, seigneur de Villefranche, La Jonchère, Beauregard, Jalhians, Meymans et autres places, demoiselle Suzanne d'Armand, fille naturelle et légitime de feu messire Jean d'Armand, seigneur de Lux, agissant de l'avis et consentement de noble Hector d'Armand de Forêts, son frère, seigneur de Blacons, Miribel, Condillac et autres places, qui une année auparavant et le 30 août 1656, avait épousé Olympe de Villefranche-Montbrun, sœur dudit seigneur de La Jonchère. (*Voir ce mariage, n° 8.*)

Dans ce mariage, M. de Blacons constitua à la future, sa sœur, 9,000 livres, savoir : 8,000 à elle léguées par dame Izabeau de Forêts dame de Lux, sa mère, par son testament reçu Me Marforé, notaire, le 18 janvier 1640, et 1,000 livres formant le legs à elle fait par feu messire Henri de Blacons, son frère, mort à Marsanne, à la suite d'un coup d'épée *sous la tetine droite à la troisième cotte.* Voir aux notes, n° 9, le testament d'Henri de Blacons, et enfin au n° 10, une notice sur la famille Dupuy de

Montbrun, chez qui fut célébré le mariage de Jacques Terrot, en présence de messire Jean-François
Feyzan, docteur en théologie et ministre de l'église
de Pont-en-Royans, que Jacques Terrot avait probablement mené avec lui pour bénir son mariage, et
de M. Aimard Brenier, docteur en droit, avocat
au parlement, demeurant à Romans.

Ce mariage avantageux sous le rapport de la noble famille à laquelle Jacques Terrot s'alliait, l'était
de même sous celui de la fortune, car, outre les
9,000 livres constituées à la future par M. de Blacons, son frère, elle reçut encore un legs de
6,000 livres, dans le testament de noble Jean d'Armand, seigneur de Lux, son père, reçu Me Isnard,
notaire, le 19 novembre 1650 ; et à cette époque
une dot de 15,000 livres était importante.

Jacques Terrot n'imita point la négligence de Just
Terrot, son tuteur; aidé et conseillé par M. Dantour,
son parent et curateur à conseil, il ne recula point
de poursuivre ses débiteurs, quelque haut placés
qu'ils fussent. C'est ainsi que par exploit de Dupré,
huissier, du 2 mars 1650, il assigne dame Laurence
de Claveyzon, veuve de noble Hugues de Lionne,
seigneur de Lessins et de Triors, en payement de
347 livres que M. de Lionne paye à la taille de
Saint-André, et qui avait été cédée à Etienne Terrot,
son aïeul, par ladite communauté, et par autre exploit
il assigne de même noble de Villiers, conseiller au
parlement, pour passer nouvelle reconnaissance des
rentes et droits seigneuriaux qu'il doit à raison

des terres qu'il possède à Rencurel et à Choranche.

Le 30 août 1664, et par testament reçu Me Jas-
soud, notaire, il hérite de André Arnaud-Balmas, son
oncle maternel, notaire et greffier de Saint-Paul, et
par cet héritage, devient propriétaire d'un beau domaine, sis à Saint-Paul, près de la Commanderie,
qui fut vendu par Jean Terrot, son fils, à son retour
de l'émigration, et qui est possédé aujourd'hui par
M. de Chaptal.

Du mariage de Jacques Terrot avec Suzanne d'Armand de Blacons, naquirent onze enfants, dont il
nous sera bien facile de désigner les noms et jours
de naissance ; nous n'aurons qu'à copier une note
écrite de la main de leur père et signée par lui à
chaque naissance.

Voici la copie littérale de cette pièce curieuse
qui est écrite sur une simple demi-feuille, et dont il
fut obligé de serrer les lignes à la fin, pour y ins-
crire les onze naissances, ne s'attendant pas,
le brave homme, à tant de fécondité.

« *Mémoire des enfants que Dieu m'a donné.*

« 1. Le jeudi 17 octobre 1658, Dieu m'a donné
« un fils à trois heures un quart du matin ; tems
« beau, un peu froid, et a été présenté au saint
« baptème par M. de Blacons, mon beau-frère, et
« par ma sœur Philippa Terrot, femme au sieur
« Glénat, le dimanche 27 du même mois, et an que
« dessus, et la bénédiction lui a été donnée par

3

« M. Faizand, ministre du présent lieu, lui a été
« donné le nom d'Hector. Signé Terrot.

« 2. Le dimanche 21 décembre 1659, à sept
« heures et quart du soir; tems extraordinaire-
« ment froid, Dieu m'a donné une fille, et a été
« présentée au saint baptême le samedi 3 février
« 1660, par M. de Meyman, fils à M. de Ville-
« franche-Montbrun, avec demoiselle Marie Ar-
« naud-Balmas, ma tante, veuve de sieur Isaac
« Macaire, et la bénédiction lui a été donnée par
« M. Faizan, ministre du présent lieu, et lui a été
« donné le nom de Marguerite. Signé Terrot.

« 3. Le dernier mars 1662, à une heure après
« midi, Dieu m'a donné un fils; tems doux, un
« peu couvert, a été présenté au saint baptême par
« le fils du cousin Antoine Mucel, nommé Jac-
« ques, mon filleul, au nom de sieur André Ar-
« naud-Balmas, mon oncle de Saint-Paul, avec ma
« nièce Olympe Glénat, le jeudi 1er juin 1662; lui
« a été donné le nom d'André-Alexandre par
« M. Faizand, notre pasteur. Signé Terrot.

« 4. Le Samedi 29 septembre 1663, jour de la
« saint Michel, à cinq heures du matin; tems cou-
« vert et pluvieux, Dieu m'a donné un fils, a été
« présenté au saint baptême par M. de Villefranche
« et Mme de Lachaud, sa sœur, lui a été donné le
« nom de Charles Alexandre par M. Faizand, notre
« ministre et pasteur. Signé Terrot.

« 5. Le dimanche 27 octobre 1665, à deux heu-
« res et demie du matin, Dieu m'a donné un fils,

« a été présenté au saint baptême par l'aîné de
« *M. le baron des Adrets* (1), nommé Charles et la
« femme de M. Faizan, notre pasteur, et a eu nom
« Jean-Charles, le vendredi 6 novembre 1665. Si-
« gné Terrot.

« 6. Le lundi 16 mai 1667, sur les sept heures
« du soir, Dieu m'a donné une fille, et a été pré-
« sentée au saint baptême par le sieur Marc Pour-
« roy et demoiselle Suzanne Pourroy, sa sœur,
« le samedi 27 mai suivant, a été nommée Suzanne,
« et M. Faizand, notre pasteur, lui a donné l'eau.
« Signé Terrot.

« 7. Le dimanche 24 juin 1668, jour de la
« saint Jean, sur les dix heures trois-quarts du
« soir, Dieu m'a donné un fils, a été présenté au
« saint baptême par moi, soussigné, avec Suzanne
« d'Armand de Forêts, sa mère, le lundi 23
« juillet 1668, a été nommé Etienne-Jean, et
« M. Chion, notre pasteur, lui a donné l'eau.
« Signé Terrot.

« 8. Le jeudi 3 avril 1670, sur les cinq heures
« du soir, Dieu m'a donné un fils, qui a été pré-
« senté au saint baptême par M. Hector Brachet,
« sieur de Champfleury, et par demoiselle Izabeau
« d'Armand de Forêts, sœur de ma femme et le
« sieur Champfleury, son fils, le lendemain 4, a été

---

(1) Je ne sais d'où mon trisaïeul avait fait venir ce parrain, qui
portait le nom du farouche et sanguinaire chef des protestants, qui
existait un siècle auparavant.

« nommé Henri par M. Chion, notre pasteur, lui a
« donné l'eau. Signé Terrot.

« 9. Le samedi 7 novembre 1671, à sept heures
« un quart du soir, Dieu m'a donné un fils, a été
« baptisé le 15 suivant, et présenté au saint bap-
« tême par le sieur Antoine Aubert de Die, mon
« beau-frère, et par ma nièce Marguerite Glénat,
« M. Chion, notre ministre, lui a donné l'eau et a
« été nommé Antoine. Signé Terrot.

« 10. Le jeudi 3 novembre 1672, à dix heures
« et quart du matin, Dieu m'a donné un fils, a été
« baptisé le 4 dudit, par M. Chion, ministre de
« Saint-Marcellin et a été présenté au saint bap-
« tême par le sieur Jean Glénat, mon neveu et de-
« moiselle Jeanne Bellier, fille de sieur François
« Bellier, et a été nommé François-Etienne. Signé
« Terrot.

« 11. Le Mercredi 10 juillet 1675, à cinq heu-
« res et demie du soir, Dieu m'a donné une fille,
« a été baptisée le 11 suivant par M. Chion, mi-
« nistre de Saint-Macellin, et a été présentée au
« saint baptème par Hector Terrot, mon fils aîné,
« et par Marguerite Terrot, ma fille, et a été
« nommée Isabeau. Signé Terrot. »

Le 27 octobre 1674, Jacques Terrot acheta de
Mme Pan, veuve de Jean Bachasson, conseiller du
Roi à Valence, les offices de secrétaire-greffier des
communautés du Pont, Rencurel, Choranche,
Chatelus et Echevis, avec tous les honneurs, traite-
ments et privilèges y attachés.

A une existence heureuse succèdèrent bientôt,
pour Jacques Terrot, des peines et des tribulations.
Il était né et avait été élevé dans la religion réformée
qui, à cette époque, était professée par la grande
majorité des habitants du Pont ; son mariage avec
Suzanne d'Armand de Blacons, famille protestante
des plus zélée, dont les membres avaient toujours
figurés à la tête des bandes réligionnaires, com-
mandées par Montbrun et Lesdiguières, n'avait fait
que le confirmer dans ses croyances ; on peut même
présumer que ce mariage avantageux pour un simple bourgeois du Pont, célébré dans le château du
petit-fils du fameux Montbrun, avait été amené par
le désir qu'avaient les protestants d'avoir au Pont,
qui était alors une place forte, la clé des montagnes, un corréligionnaire sûr et influent, sur lequel
ils pussent compter, au besoin, et il est possible
que l'aventure d'Etienne Terrot, son ayeul empri-
sonné et rançonné par M. de Grammont, seigneur
de Vachères, qui est tout près de Blacons, et qui
avait certainement eu beaucoup de retentissement
parmi les chefs protestants, ne fut point étrangère à
ce mariage.

Tout le monde sait que les protestants en mino-
rité dans le Royaume cherchaient toujours à se soutenir entr'eux, et a étendre leur nombre et leur
influence, et ils étaient à cette époque d'autant plus
disposés à serrer leurs rangs, que le grand despote,
le roi Louis XIV, leur faisait pressentir dans toutes
les occasions son mauvais vouloir et la haine qu'il

portait à ceux de leur parti, en les éloignant des emplois publics, défendant la construction des temples et refusant le salaire aux ministres de leur culte.

Dès l'an 1681, les réligionnaires du Pont s'étaient assemblés pour recourir contre l'arrêt du conseil du roi qui ordonnait la démolition de leur temple (1), et l'interdiction de l'exercice de la religion réformée au dit lieu, et, à cet effet, ils avaient fait choix de quelques notables, savoir : Jacques Terrot, Jean Bellier, avocat au parlement, qui, plus tard devint son gendre, Alexandre Chalvet, sieur de la Jarjalte, bourgeois, et Laurent Champel, ancien notaire, tous demeurant au Pont, pour faire toutes les démarches nécessaires et légales pour conserver le libre exercice de leur culte de conformité à l'édit de Nantes, et, à cet effet, messieurs Bellier et Chion, ministre de l'église réformée du Pont, se transportèrent à Paris ; mais tout fut inutile, les volontés du roi étaient arrêtées, le culte protestant devait être anéanti et supprimé dans le royaume, et toutes les démarches et dépenses faites à cet effet par les réligionnaires du Pont furent en pure perte. Nous voyons que messieurs Terrot et Bellier s'étaient mis personnellement en avances pour plus de 1.800 livres.

(1) Il ne fut démoli qu'en 1688, par des ouvriers de Saint-Marcellin, n'en trouvant point au Pont qui voulussent le faire (*Archives de la Mairie du Pont*).

Enfin les craintes qu'avaient les protestants au sujet de leur culte ne tardèrent pas à se réaliser. Le 18 octobre 1685, Louis XIV révoqua l'édit de Nantes, œuvre de la sagesse de son aïeul Henri IV, qui avait rendu la paix à la France, en laissant aux protestants une juste liberté de conscience, et qui avait mis fin aux guerres civiles et religieuses, qui avaient désolé la dernière moitié du siècle précédent.

RÉVOCATION DE L'ÉDIT DE NANTES

ET SES SUITES PAR RAPPORT A LA FAMILLE

Cette révocation fut un coup de foudre pour Jacques Terrot, et pour sa belle famille ; je me sers de cette expression de belle que je vois dans une infinité de lettres qui lui étaient adressées à cette époque. De ses onze enfants il lui en restait sept : cinq fils et deux filles.

Aux termes de l'édit de révocation, les protestants devaient abjurer immédiatement, se faire catholiques ou quitter le royaume, et dans ce dernier cas, leurs biens étaient sequestrés et mis en régie au profit de l'état ; des régiments de dragons étaient mis en garnison dans les maisons des protestants et à leurs frais ; pour faire exécuter les ordres du roi, une contribution particulière les frappait pour payer les frais de garnison et la démolition des temples ; la position dès protestants était des plus critiques, tous ceux qui, par leur fortune, leur éducation et surtout leurs convictions tenaient à leurs croyances, sortirent du royaume ; plus de la moitié des habitants du Pont émigrèrent et furent habiter Genève ou Lausanne ; les familles nobles protestantes, les Blacons ; les de Montrond, les Dupuy de Montbrun de Villefranche partirent des premières.

Dans cette position malheureuse pour Jacques Terrot et sa famille, trois de ses fils partirent pour l'émigration ; ce furent : Antoine, Charles et Jean. Quant à Hector, son fils aîné, appelé Dubéchat, avocat au parlement, docteur en droit (nous possédons son diplôme en latin, sur grand parchemin, en date du 8 novembre 1678), et qui déjà remplaçait son père dans les affaires, il mourut dans ces entrefaites, à l'âge de 34 ans. Le père Jacques Terrot, qui avait perdu sa femme, resta donc au Pont avec ses deux filles, Suzanne et Isabelle, et François Terrot, l'un de ses fils, qui était d'une faible santé.

La fin de la vie de Jacques Terrot fut remplie de tribulations et de chagrins ; il poursuivit contre les messieurs de Blacons, son beau-frère, et de Condilhac, son neveu, le payement des reprises de sa défunte femme, dont il avait laissé accumuler les intérêts, et après avoir obtenu trois arrêts du parlement, il fit une transaction devant Me Roux, notaire,

le 4 juin 1687, avec noble Alexandre Reyné d'Armand de Forêts, seigneur de Condilhac, agissant
tant en son nom qu'en qualité de donataire de
noble Hector de Blacons, son père, et par cet acte
Jacques Terrot arrête les sommes dùes à 19,000
livres, et lui donne trois ans de délai pour les
paiements ; dans cet acte M. de Blacons de Condilhac renonce expressément à user de lettres d'état
du roi, pour surseoir au paiement de sa dette, mais
dès que les délais furent expirés et que Jacques
Terrot voulut être payé, M. de Condilhac, qui de
garde du corps était devenu capitaine de cavalerie,
obtint, le 14 avril 1688 et pour cause de ses ser-
vices auprès de Sa Majesté, de nouvelles lettres
d'Etat signées par le roi, et plus bas Colbert, qui
prononçaient la surséance du paiement de toutes
ses dettes, lesquelles lettres d'Etat M. de Blacons
s'empressa de faire notifier à Jacques Terrot, son
oncle, par exploit de Magnan, huissier, en date du
5 juillet même année, avec assignation pour paraî-
tre à Paris, dans le délai de six mois, devant les
maîtres des requêtes ordinaires de l'hôtel, etc. Singulière juridiction à l'aide de laquelle on pouvait
ajourner indéfiniment le paiement de ses dettes.

Nous devons cependant dire que plus tard, la
famille de Blacons s'est parfaitement acquittée de
cette dette, que même à l'époque de l'obtention de
ces lettres d'Etat, Mme de Blacons, née de l'Église
qui était restée en Dauphiné, céda en paiement à
Hector Terrot Dubéchat, fils aîné de Jacques et son

mandataire, les fermages de ses papeteries de Blacons et autres terres ; néanmoins Jacques Terrot
mourut sans voir le paiement intégral de sa créance,
car après lui elle servit à payer Izabeau Terrot,
épouse de M. Jean Bellier.

Jacques Terrot, qui avait perdu sa femme, son
fils aîné et ses trois autres fils émigrés, mourut le
6 mars 1699, âgé de 71 ans, après avoir fait un testament olographe en date du 6 janvier 1699, qui
est un monument de sagesse, dans la position diffi-
cile où il se trouvait, avec ses trois fils absents et
frappés de déchéance par les édits du roi. *(Voir ce
testament aux pièces réservées.)*

Par son testament, Jacques Terrot fait des legs à
tous ses enfants, et institue pour son héritière générale et universelle Isabeau Terrot, la plus jeune de
ses filles, à la charge de remettre son hérédité à
Jean Terrot, son fils, s'il rentrait dans le royaume
et sous le bon plaisir du roi, se mettait en état de
recueillir son héritage.

Après son décès, arrivé le 6 mars 1699, Izabeau
Terrot, de conformité au testament, fit procéder à
l'inventaire des biens de son père, et par acte reçu
Me Corteys, notaire, le 22 juin suivant, elle délivra
en qualité d'héritière, à François Terrot, son frère,
les domaines de Brétou et d'Échevis, ainsi que tous
les titres et créances que lui avait légué le défunt
père commun.

Jean Terrot, qui servait dans l'armée britanique
en qualité de capitaine de cavalerie, ayant appris le

décès de son père et les dispositions de son testament, s'empressa de profiter de la déclaration du roi, du 29 décembre 1698, qui permettait aux réligionnaires absents du royaume, de rentrer, de se convertir, moyennant quoi leurs biens leurs seraient rendus, et en effet il arriva au Pont au mois de juin 1699..

De conformité au testament de Jacques Terrot père, Izabeau remit bien à Jean Terrot, son frère, l'entière hérédité et tous les biens de la famille, mais elle prétendit qu'outre sa légitime égale aux autres, il lui revenait la quarte trébellianique, et sa portion sur les biens de Charles et Antoine, ses deux frères, sortis du royaume pour cause de religion; de là procès entre le frère et la sœur, qui transigèrent devant Me Toscan, notaire à Grenoble, le 12 août 1699. Par cet acte Jean Terrot céda à Izabeau Terrot, sa sœur, le domaine de Presles, et une somme de 15,000 livres, à compte de laquelle il lui remit en paiement 7.000 livres qui étaient encore dues par M. de Blacons, son cousin germain.

Sur ces entrefaites, Izabeau Terrot épousa Jean Bellier, avocat au parlement, qui avait été son conseil dans le procès soutenu contre son frère; c'est de ce mariage que descendent les Messieurs Bellier du Pont, aujourd'hui Bellier du Charmeil, c'est le fils d'Izabeau Terrot, qui était officier d'artillerie, qui acheta la seigneurie de Presles, de M. le comte Prunier de Saint-André, et c'est son petit-fils, mari de dame Catherine Odier, qui a acquis la noblesse par la charge de Trésorier au bureau des finances du Dauphiné.

Suzanne Terrot se retira à Genève où elle mourut célibataire et fort âgée, et dans son testament du 18 septembre 1752, reçu Me Delorme, notaire à Genève, elle n'oublia aucun de ses parents, et institua pour son héritier universel, Charles Terrot, son neveu, écuyer, capitaine dans le régiment de Russel au service de S. M. Britanique, fils à Charles, son frère, mort à Dublin en Irlande, où il s'était marié et fixé.

Antoine Terrot, fils de Jacques, qui servait en qualité d'officier dans les troupes anglaises, fut tué en Espagne à la bataille d'Almauza, lors de la guerre de succession.

Quant à Charles Terrot, nous voyons par ses nombreuses et intéressantes lettres *(voir aux pièces réservées)*, qu'il vint voir sa sœur Suzanne à Genève, de là il fit une visite au Pont à son frère Jean, qui faisait construire Château-Gaillard et qui le combla d'amitié. Charles s'était marié à Dublin, avec une anglaise dont il eût plusieurs enfants, entr'autres un fils, qu'il qualifie dans ses lettres de grand et beau garçon ; il jouissait d'une pension du gouvernement anglais, et mourut en 1730.

Son fils, officier dans la marine anglaise, vint à Mahon, et de là écrivit à sa tante Suzanne à Genève, pour lui demander le cachet armorié de la famille, qui était, je crois, celui des Blacons, que nous avons encore ; ce cachet lui fut envoyé, et depuis lors nous n'avons plus eu de nouvelles de lui ni de cette parenté.

A son retour de l'émigration, Jean Terrot, indépendamment du procès de sa sœur Bellier, eût à éprouver de grandes et pénibles sollicitudes , soit par sa position de nouveau converti, soit à cause de ses deux frères absents pour cause de religion ; ainsi nous voyons que par exploit de Cullier, huissier à Saint-Marcellin, en date du 9 mai 1700 et à la requête de Mᵉ François Marcelier, avocat à Grenoble, chargé par M. l'intendant de la séquestration , des biens des réligionnaires sortis du royaume , qui sont possédés par les parents nouveaux convertis qui ne font pas leurs devoirs de la religion catholique , nous voyons, dis-je , saisir arrêter entre les mains de Jean Terrot, la somme de 27,000 livres, pour les droits légats ou légitimes que Charles et Antoine Terrot, ses frères absents, peuvent avoir sur les biens de leurs père et mère, avec défense de s'en dessaisir qu'entre les mains dudit Marcelier, avec assignation pour s'entendre condamner etc.

Le roi Louis XIV, en traitant ses sujets protestants ou nouveaux convertis d'une manière si rigoureuse , était loin de prévoir que moins d'un siècle après , les Jacobins de 1793, après avoir guillotiné son arrière petit-fils, exerceraient les mêmes poursuites, contre les français qui par fidélité à sa dynastie, émigrèrent et quittèrent le sol de la France, tant il est vrai que les extrêmes se touchent.

Fort heureusement que Jean Terrot avait à Paris

un parent ou plutôt un vrai ami, M. de Saint-Challier (1), qui par ses actives démarches, ses sollicitations auprès du ministre Daguesseau et du Conseil du roi, et à l'aide des certificats du curé du Pont et des révérends pères chartreux du Val Sainte-Marie de Bouvantes, gagna son procès et obtint la levée du sequestre. *(Voir les lettres de M. de Saint-Challier aux pièces réservées. — Voir n° 11.)*

Jean Terrot, seul au Pont investi de tous les biens de la famille, et jouissant d'un peu plus de tranquillité sous le rapport de ses biens et de ses opinions religieuses, affectionnait beaucoup sa propriété de Vigne-Vacher, à la porte du Pont, que son aïeul avait fait clore de murs ; il l'agrandit par l'acquisition qu'il fit de divers jardins, et entr'autres, une éminée (18 ares) de terre et jardin, d'un nommé Marc Pourroy, où il existait un pavillon appelé Château-Gaillard, dont il fit une maison d'habitation telle que nous l'avons vue avant la construction de la maison actuelle ; c'est lui qui à cette époque fit planter l'allée de marronniers, et il nous a laissé un plan du clos de Château-Gaillard, tel qu'il était en ce moment, et que l'on peut voir aux pièces réservées.

---

(1) Ce M. de Saint-Challier était le fils de M. de Baisse, cousin de M. de Blacons, qui avait figuré en qualité de curateur dans le mariage passé au château de la Jonchères, en 1657; il était chevalier des ordres du Montcarmel et de Saint-Lazare.

JEAN TERROT

ET

MADELEINE DE GUMIN DE LA MURETTE DE L'ALBENC

MARIÉS.

Dès qu'il eût fini sa construction de Château-Gaillard, Jean Terrot, qui avait alors quarante-quatre ans, songea à se marier, et par acte reçu Mᵉ Sorrel, notaire, le 8 février 1712, il épousa Madeleine de Gumin de Trufel de la Murette, fille de noble Joseph de Gumin et de dame Marie de Pontis, propriétaire à l'Albenc (1). *(Voir ce mariage aux pièces réservées).*

J'ai vu par de nombreuses lettres, que cette famille de Gumin, qui était protestante, n'était composée que de filles et en quantité ; elles épousèrent MM. Maillefaud, Combet de la Rène, Rozier de Linage, qui étaient de l'Albenc., M. de l'Hautaret

(1) J'ai trouvé et possède la généalogie de cette famille de Gumin, dont la noblesse remonte à 1400 ; les consuls de Reaumont ayant imposé aux tailles les biens de la famille de Gumin, la dame Mirande de Revol, veuve de noble Théophile de Gumin, sieur de la Murette et tutrice de ses enfants mineurs, obtint, en 1641, un arrêt qui déclare leurs immeubles francs et exempts de toutes tailles, impositions et levée de deniers en quelques mains qu'ils passent, même de conditions roturières, avec inhibition et défense aux consuls, syndics et péréquateurs de Réaumont et autres, de les plus tirer ni comprendre en leurs rôles de taille, à peine de 500 livres d'amende.

de Die, et Marcel de Saint-Martin, ce dernier notaire à Pontaix. Je vois aussi une lettre du 5 novembre 1730, d'un M. Reboud de la Julhière de Die à sa tante Terrot, née de Gumin, une autre, datée de Saint-Jullien en Quint, et adressée à cette dernière par un autre neveu nommé Mariès. Qu'est devenue toute cette parentée, je l'ignore; tout ce que je sais, c'est qu'ayant perdu mon père alors que je n'étais âgé que de 14 ans (1809), et le conseil de famille, s'étant réuni après son décès, M. de Linage, l'aîné de l'Albenc, mari de Mlle de Maximi, en fit partie comme parent parternel, et jusqu'à son décès nous avons entretenu de bonnes relations avec lui et avec ses deux frères, M. de Linage du Rozier et M. de Linage de Cumane, qui dans leur jeunesse étaient souvent venus au Pont.

A cette époque, 1712, Jean Terrot hérita de François Terrot, son frère, qui possédait et habitait le domaine de Brétou sur Chatelus. *(Voir le testament aux pièces réservées).*

L'authenticité de ce testament, qui était olographe et qui avait été déposé chez Me Germain, notaire à Saint-Marcellin, donna lieu plus tard, en 1738, à un procès qui fut intenté par Madeleine Bellier, veuve d'Ennemond Begoud de la Batie, conseiller du roi et son avocat au Balliage de Graisivaudan, agissant en qualité de co-héritière d'Izabeau Terrot, sa mère, sœur du testateur, mais elle perdit son procès, le testament fut maintenu.

Jean Terrot devait aux pauvres du Pont une rente

à eux donnée par le testament de Jacques, son père, et je remarque dans diverses quittances à lui passées à ce sujet, par M. Truchet, curé du Pont, et par M. Glénat, procureur des pauvres, qu'on lui donne le nom de Terrot de la Vallette : c'était probablement le nom qu'il portait avant son émigration ; au surplus c'était le nom d'un petit domaine qu'ils avaient à la basse Vallette de Rencurel. *(Voir ces quittances aux pièces réservées.)* Je fais cette remarque parce que ce nom a été donné plus tard à mon fils cadet, notaire à Saint-Jean, ainsi que nous le verrons.

Jean Terrot, marié avec une femme très-noble, mais peu fortunée, avait aussi ses embarras ; il paya 15,000 livres à sa sœur Bellier, il était obligé d'envoyer à ses deux frères émigrés le montant des legs que leur avait fait Jacques Terrot, leur père commun ; il paya de même le legs de Suzanne Terrot, sa sœur, qui fut se fixer à Genève, et par acte reçu Tezier, notaire, le 18 décembre 1714, il paya à Me Ozée Aubert avocat à Die, la somme de 3,570 livres, pour reste des droits successifs de Suzanne Terrot, sa mère, tante dudit Jean, qui n'avaient pas encore été soldé.

Nous voyons par les lettres de Charles Terrot, son frère, qui s'était fixé à Dublin, et qui correspondait aussi avec sa sœur Bellier, que cette dernière se plaignait beaucoup des tons de hauteur que prenait son frère Jean vis-à-vis d'elle et des habitants du Pont, qu'il ne voyait que des gens de haute condition, etc. Cela pouvait être un peu vrai à cause de la longue absence de Jean, qui avait perdu de vue le pays, et qui, à l'étranger, s'était trouvé en rapport avec la noblesse émigrée, tout comme c'était le langage d'une sœur aigrie par son ancien procès : dans tous les cas, nous voyons par une infinité de lettres qu'il entretenait une correspondance suivie avec les parents de sa femme et de sa mère, et autres personnages haut placés, et notamment avec M. le marquis de Sassenage, qui avait la plus grande confiance en lui, et qui l'avait chargé de surveiller les travaux à faire à son château de la Bâtie à Saint-Laurent, château qui existait donc en 1720, et dont il ne reste pas aujourd'hui la moindre trace, si ce n'est des débris de tuiles et d'ardoises, car tous les matériaux ont été enlevés pour bâtir. On voit encore à Saint-Jean, sur la porte d'entrée de la maison Actory, une pierre ciselée, qui était le dessus de la porte de la chapelle du château de la Bâtie, et au Pont, la grande pierre de la cheminée de la cuisine de M. Tézier, est venue de même du château, et porte encore les armoiries de la famille de Sassenage ; vicissitudes des choses d'ici-bas.

Le 8 janvier 1719, et par acte reçu Charmeil, notaire, Jean Terrot acheta de M. Pierre de Beaumont, sieur de Saint-Pierre, donataire de sieur François de Pourret, sieur de Champ-Reynaud et Catherine de Sillac, mariés, le domaine que ces derniers possédaient et habitaient à Sainte-Eulalie, appelé Sillac, et le 26 juin 1720, par acte reçu Pain, notaire, il paya une partie du prix, 9,000 livres, à M. Boffin, chevalier, président à Mortier, au parlement, seigneur de la Sône, Argenson, Chattes et autres places, à qui M. de Beaumont, son vendeur, l'avait délégué.

Jean Terrot et sa famille furent pendant quelques années habiter à Sillac, que sa femme préférait à la résidence du Pont; c'est là que par acte reçu Bletton, notaire, le 13 avril 1724, il fit un premier testament; il en fit un second devant le même notaire, le 18 février 1726, et mourut le 26 avril suivant, à l'âge de 58 ans, laissant Madeleine de Gumin, sa femme, héritière, à la charge de remettre son héridité à Jacques-Joseph Terrot, leur fils aîné, et de payer 6,000 livres à chacun de ses autres enfants.

Du mariage de Jean Terrot et Madeleine de Gumin naquirent cinq enfants, quatre garçons et une fille, savoir: Jacques-Joseph, Charles, Etienne, André et Madeleine Terrot, cette dernière mariée à M. Charles Reymond, conseiller du roi, maître des eaux et forêts à Die, et mère du président du tribunal de cette ville, mort fort âgé en 1825.

Pour suivre avec ordre la filiation de la famille, et en nous occupant principalement de la branche aînée, continuée par Jacques-Joseph, nous dirons quelques mots sur l'existence des quatre enfants cadets sus-nommés :

1° Charles, qui selon l'usage de l'époque s'appelait Sillac, nom du domaine de Sainte-Eulalie, avait d'abord été destiné à l'état militaire ; il était filleul de son oncle Charles, retiré en Irlande ; en sorte que

son parrain, de concert avec sa tante Suzanne, qui
habitait Genève, l'attirèrent dans cette ville et le
firent entrer en qualité de cadet dans un régiment
sarde, qui était en garnison à Tortone, en Piémont,
dont tous les officiers étaient en partie des réligionnaires fugitifs français, et fortement recommandé à
M. de Montrond, son colonel.

Mais nous voyons par une lettre de Suzanne Terrot à sa belle-sœur, la veuve Terrot, née de Gumin,
qui était protestante, que Suzanne Terrot se plaignait amèrement de ce que le jeune Charles, son
neveu, au lieu de s'occuper de son instruction militaire, de fréquenter les officiers dont il devait un
jour faire partie, était sans cesse dans les églises,
ce qui annonçait peu de vocation pour l'état militaire, et mécontentait ses chefs; en effet, il quitte
un jour sans rien dire la garnison de Tortone et revient au Pont, près de sa mère; de là il partit pour
Paris, où il fit de fort bonnes classes à Saint-Sulpice,
devint prêtre de l'ordre du Saint-Sacrement, fut supérieur du séminaire de son ordre, à Valence, puis
à Chabeuil, à Marseille et enfin à Valréas (1), d'où
la révolution le chassa. Il vint finir ses jours au
Pont, à Château-Gaillard, où il mourut sur la fin de
1795, quelques mois après ma naissance, et après

(1) Le vieux curé de Saint-Jean, M. Mouralis, chevalier de la
Légion d'honneur, qui était de ces pays-là, m'a dit avoir commen-
cé ses classes sous lui à Valréas, avec l'abbé Maury, devenu cardinal.

avoir voulu me voir dans le berceau et me donner sa bénédiction.

Ma mère, qui était de Chabeuil et qui l'avait beaucoup connu, lorsqu'il était supérieur du collège de cette ville, m'a dit qu'il avait une grande réputation de sainteté, et un talent remarquable pour la chaire ; il attirait à Chabeuil la haute société de Valence qui venait entendre ses sermons ; il nous a laissé une malle pleine de sermons écrits de sa main ; c'est lui qui contribua au mariage de mon père qui était son neveu et qu'il avait élévé, avec Marthe Lacroix.Saint-Pierre, fille du juge mage de Chabeuil, ainsi que nous le verrons plus tard.

En 1747, étant supérieur au collége de Valence, on lui écrivit que Mme Terrot, née de Gumin, sa mère, était à toute extrémité et de partir de suite, s'il voulait la voir ; il monte à cheval, et, arrivé sous les murs de Château-Gaillard, il s'informe de l'état où se trouve sa mère, on lui dit qu'elle est morte et morte protestante, il fait tourner bride à son cheval et revient à Valence.

2° Etienne Terrot, troisième fils de Jean Terrot et de Madeleine de Gumin, fut nommé Lavalette, nom que portait son père dans sa jeunesse. Il fut destiné par sa mère à la carrière militaire, qu'il parcourut avec honneur dans l'arme de l'artillerie, jusqu'au grade de maréchal de camp, ainsi que nous allons en donner le détail en copiant textuellement la feuille de ses états de service ;

« Etienne Terrot-Lavalette, né au Pont-en-Royans, le 5 avril 1721,

« Est entré au service de l'artillerie en. . .	1734
Officier pointeur, le 26 janvier.	1744
Commissaire extraordinaire, le 16 février. .	1746
Commissaire ordinaire, le 25 mars.	1753
Capitaine, le 1ᵉʳ janvier	1757
Chef de brigade au 4ᵐᵉ régiment d'artillerie le 15 octobre	1765
Lieutenant colonel en.	1769
Est envoyé en Corse, en qualité de Directeur maréchal des camps, le 30 mai	1790

« Par lettre du 26 mai 1791, le ministre de la guerre Duportail lui marqua que ses fonctions en qualité de directeur cesseraient à compter du premier juillet prochain. »

Le général d'artillerie Terrot de Lavalette (1), mis en disponibilité, se retira au Pont-en-Royans, où il avait fait réparer et rebâtir la façade de l'ancienne maison de la famille, qui lui était échue en partage, ainsi qu'un ténement assez considérable de terres et vignes, sis au Pont, à Dumas, et possédé aujourd'hui par M. Xavier Seguin.

La mort déplorable du roi Louis XVI, qu'il

(1) Sous l'ancienne monarchie, la noblesse d'épée ne s'obtenait qu'en devenant officier général, tandis que toutes les charges au parlement donnaient la noblesse, même celle de premier huissier; il est vrai que ces charges s'achetaient, le titulaire l'occupait vingt ans et ensuite la revendait, et par ce moyen obtenait la noblesse de robe, qui ne valait pas celle d'épée.

avait servi pendant longtemps, et dont il prévoyait les suites funestes pour la France, hâtèrent sa fin, et il décéda au Pont, le 30 juillet 1793. Son fils aîné, capitaine d'artillerie, accompagna le marquis de Lafayette en Amérique et n'en revint pas.

Le général Terrot de Lavalette s'occupait dans ses loisirs d'étude et de littérature ; il nous a laissé divers ouvrages sur l'artillerie , qui sont restés manuscrits, ainsi qu'une traduction de quelques livres de l'Énéide, en vers français ; il avait épousé , le 16 août 1751, demoiselle Virginie-Elisabeth Brenier, de Saint-Jean-en-Royans, fille de M. Joseph Brenier, avocat en la cour, et de défunte dame Elisabeth Bertrand de la Mairie (de la famille des Bertrand de Chatronnière). Les témoins de ce mariage furent M. François-Jacques-Etienne Bellier, ancien officier d'artillerie, cousin germain de l'époux, et M. Jacques-François Brenier de Monière, ancien officier d'infanterie, parent proche de l'épouse.

La famille Brenier, de Saint-Jean, avait occupé le poste de notaire à Saint-Jean, pendant plus de deux siècles (prouvé par les minutes), une branche cadette de cette famille était allé se fixer à Saint-Marcellin, où elle avait ajouté à son nom celui de Monière, et je suis très-porté à croire que la famille du général-vicomte Brenier était également sortie de Saint-Jean, parceque Mᵉ Brenier, avocat, aïeul du général, qui avait épousé ma grand'tante Lacroix Saint-Pierre, avait été longtemps juge du Pont et de Saint-Jean, sous le nom de Brenier-Lacardonière, que ses descendants ont ensuite changé contre celui de Montmorand.

Le général Terrot de Lavalette, mon grand-oncle, avait marié son fils aîné, officier d'artillerie, avec Mlle Brenier, de Saint-Jean, sa nièce ; le jeune officier plein d'enthousiasme pour la guerre de l'indépendance, laissa sa femme enceinte pour suivre Lafayette en Amérique, où il mourut ; sa jeune veuve, que nous avons tous connue, l'excellente dame de Lavalette, ne se remaria pas, donna le jour à une petite fille, Fanny Terrot de Lavalette, qui est morte sans enfants, après avoir été mariée deux fois, d'abord à M. Millochin de Belzévrie, et ensuite à M. Buisson, docteur-médecin, et en sa personne s'est éteinte cette branche cadette de la famille dont nous n'avons conservé que le nom que porte mon fils cadet, notaire à Saint-Jean, et qui lui fut légalement concédé sur les registres de l'état civil du Pont, par son parrain Victor Terrot de Lavalette, fils cadet du général, et capitaine-commandant du fort St-Louis au Sénégal, qui est mort sans enfants, et qui à son retour en France, en 1809, fut nommé par l'Empereur chevalier de la Légion d'honneur.

Quant à André Terrot, surnommé des Forêts, quatrième fils, il devint docteur-médecin, exerça peu sa profession qu'il trouvait trop problématique, et après avoir resté quelques années à Chabeuil, près de son frère supérieur du collége, il mourut au Pont ; nous possédons encore son diplôme de docteur en médecine, qui est en latin.

Madeleine Terrot, cinquième et dernier enfant né du mariage de Jean Terrot et Madeleine de Gumin, se maria avec M. Charles Raymond, bourgeois de Saint-Jean, où il possédait le clos de la famille Abisset, aujourd'hui à M. Ferdinand Etienne; ils eurent un fils qui a été président du tribunal de Die ; ma mère qui avait une sœur mariée à Die, Mme Larochette, et qui avait connu Mme Reymond, née Terrot, m'a dit que c'était une des plus belles femmes de son temps.

Nous allons maintenant nous occuper de Jacques-Joseph Terrot, fils aîné et héritier de Jean et de Madeleine de Gumin, d'où nous descendons, puisque c'était mon grand-père ; il était né le 23 mai 1713, et nous possédons son portrait, qui, d'après les personnes qui l'ont connu, est parfaitement ressemblant.

JACQUES-JOSEPH TERROT

ET

ÉLISABETH DE BLANC DE BRUDES

MARIÉS.

Madeleine de Gumin, veuve et héritière de Jean Terrot et tutrice de leurs cinq enfants mineurs, les fit élever et éduquer de son mieux; à cet effet elle fut demeurer quelques années à Grenoble; et le 20 avril 1738, par acte reçu Mes Bletton

Tézier et Grand, notaires, elle maria son fils aîné
Jacques-Joseph Terrot, qui avait atteint ses vingt-
cinq ans, avec Élisabeth de Blanc de Saint-Romans,
fille de noble Joseph de Blanc, conseiller-secrétaire
du roi, greffier en chef au bureau des finances et
chambre du domaine de la province et de défunte
Marie Martin; dans ce mariage M. de Blanc constitua
à sa fille 15,500 livres en avancement d'hoirie.

Ce Joseph de Blanc était originaire d'Autrans, où
il s'appelait de Blanc de Brudes, et avait acquis la
noblesse avec la charge de secrétaire en chef au bureau des finances de Dauphiné, et était venu s'affi-
lier à St-Romans, dans la maison Martin, où il n'y
avait que deux filles, l'aînée Marie qui avait épousé
M. de Blanc, le 13 février 1713, et Izabeau Martin,
épouse de M. Jean Grand, notaire et châtelain à
Hostung (1). M. de Blanc avait deux sœurs, l'une mariée à un nommé Nier de Gresse, et l'autre à Pierre
Lambert, fils de Mᵉ Lambert, notaire au Villard et
beau-père de M. de la Valonne.

De son mariage avec Marie Martin, M. Joseph
de Blanc avait eu deux filles : l'aînée Élisabeth, qui
avait épousé mon grand-père Jacques-Joseph Terrot,

(1) Ces messieurs Grand étaient de père en fils notaires à Hostung; le fils de Mᵉ Grand et d'Isabeau Martin, mariés, qui était
cousin germain de ma grand-mère, jouissait d'une grande opulence,
il laissa le notariat et acquit la noblesse, et ensuite la terre et château de Monteiller ; cette famille est aujourd'hui représentée par
les Messieurs de Grand-Châteauneuf, de Grand-Boulogne et autres;
une demoiselle de Grand, sa fille, avait épousé M. de Luzi de Pélissac, dont le fils aîné est aujourd'hui le général de division, marquis de Luzi de Pélissac, député de la Drôme au corps législatif.

et Flory de Blanc, qui épousa, le 29 juillet 1741, trois mois après la mort de son père arrivée le 19 avril même année, M⁰ Bouvier-Desmarets, avocat à Romans, frère du grand prieur de Saint-Barnard et titulaire du prieuré de Nantua, qui produisait 20,000 livres de rente (1).

Nous voyons, par les nombreuses correspondances suivies entre les deux beaux-frères Desmarets et Terrot, que la meilleure intelligence et la plus vive amitié régnèrent toujours entr'eux, et qu'ils s'entendirent parfaitement pour le partage de la succession de M. de Blanc, leur beau-père, et pour vendre ses propriétés; savoir: par acte reçu Tézier, notaire, le 29 août 1749, ils vendirent les domaines d'Autrans à Théodore Perret, au prix de 28,000 livres, et par acte reçu M⁰ Berruyer, notaire à Saint-Marcellin, le premier novembre 1767, ils passèrent vente de celui des Cantes à Saint-Romans, à Pascal Allemand; cet Allemand ne put ni payer, ni garder ce domaine, et le revendit à un sieur Henri, dont la famille le possède encore aujourd'hui.

Jacques-Joseph Terrot perdit la dame Gumin, sa mère, le 30 mai 1747, et malgré les pressantes exhortations du curé du Pont (*voir l'acte de décès*

(1) L'abbé de Saint-Barnard portait crosse et mitre; les membres du chapitre de Saint-Barnard prenaient le titre de chanoines de l'insigne abbaye de Saint-Barnard, co-seigneurs avec le roi de la ville de Romans, leurs armoiries étaient sur les portes de la ville et ils nommaient un juge qui alternait chaque année avec le juge royal.

aux pièces réservées), elle mourut dans la religion réformée, et fut enterrée dans son jardin, près la rue de Portagnès, qui est probablement le jardin contigu à la maison Seguin.

Par acte reçu M⁰ Tézier, notaire, le 19 avril 1742, il paya à sa sœur Mᵐᵉ Raymond, son legs de 6,000 livres, mais quatorze ans après elle revint par supplément, et par acte reçu Roux, notaire, le 2 février 1756, il lui paya encore 2,300 livres.

Il paya aussi à chacun de ses frères leurs legs de 6,000 livres. Mais le 29 avril 1753, ils lui demandèrent aussi un supplément, et transigèrent amiablement.

Jacques-Joseph Terrot, avait remis à Étienne Terrot de Lavalette, son frère, l'ancienne maison paternelle aujourd'hui à MM. Seguin et Glénat-Luno, et habitait Château-Gaillard. Mais à cette époque les bandes du fameux contrebandier Mandrin épouvantaient la contrée, et Mᵐᵉ Terrot n'étant pas tranquille à la campagne de Château-Gaillard, fit acheter à son mari la maison que M. de Chatronnière possédait au Pont, sur la Grande-Rue et sur le Breuil, cette maison fut rebâtie et toute la famille fut s'y fixer : c'est la même maison que j'ai vendue à M. Reynaud (1), et qui est aujourd'hui possédée par M. Gabriel Seguin.

(1) Conjointement avec la maison je vendis à M. Reynaud un petit domaine situé près du Pont, appelé Clary, où douze ans après il poignarda sa fille, drame qui s'est déroulé naguère devant les assises de l'Isère.

Jacques-Joseph Terrot termina à cette époque un procès qui durait depuis 40 ans, au sujet du jardin de Château-Gaillard, vendu par Marc Pourroy à Jean Terrot, qui y avait fait construire une maison d'habitation; ce Marc Pourroy, réligionnaire fugitif avait aussi vendu à M⁰ Tézier, notaire, le domaine de Bernissard, au prix de 700 livres, sur lesquels immeubles une demoiselle Benais de Grenoble, se disant créancière de Marc Pourroy, demandait le paiement de ses créances ou la vidange ; ce procès où MM. Terrot et Tézier firent cause commune, fut terminé par une transaction passée devant M⁰ Héraud et son collègue, notaires à Grenoble, le 12 mars 1744, par laquelle M. Terrot repaya son prix d'acquisition, qui était de 400 livres et M. Tézier mille livres.

Du mariage de Jacques-Joseph Terrot avec Elisabeth de Blanc naquirent vingt enfants (1) ; nous voyons, par une lettre écrite par Jacques-Joseph Terrot à son beau-frère Desmarets, en 1747, en lui annonçant la mort de la dame de Gumin, sa mère, qu'il a encore eu le chagrin de perdre trois enfants de la petite vérole dans la même semaine ; qu'à peine ils ont pu sauver l'aîné Charles qui était mon père, et que sur ces vingt enfants ils n'en conservè-

(1) A cette époque il était né au Pont, dans trois maisons presque contigues, cinquante-six enfants ; mon grand-père en avait eu vingt, M. Tézier dix-neuf, et le général Terrot de Lavalette, mon grand-oncle, dix-sept ; de ces trois nombreuses familles, je suis aujourd'hui le seul qui représente la famille Terrot, les de Lavalette sont éteints, et M. Tézier n'a qu'un fils. *O tempus !... O mores !.*

rent que cinq (1), deux garçons et trois filles,
savoir :

1.° Suzanne-Élisabeth Terrot, mariée à Jean-Charles Granchier, receveur d'enregistrement au Pont,
mort conservateur des hypothèques à Brioude, en
Auvergne, son pays. Son contrat de mariage fut
passé le 28 octobre 1776, devant Mᵉ François, notaire, et ce fut M. de Canel, seigneur de St-Romans,
conseiller au parlement, qui représenta comme
mandataire, les père et mère du futur ;

2° Madeleine Terrot, morte célibataire, au mois
de Juin 1791 ;

3° Marguerite Terrot, la vingtième et la plus
jeune, que nous avons tous connue, décédée en
1843 ;

4° Joseph Terrot-Sillac fut destiné à la carrière
militaire, et à cet effet, envoyé à Lunéville, avec
son cousin Noël Bellier, où ils entrèrent dans le
régiment des gendarmes gardes du roi, qui avaient

(1) Un de leurs fils, déjà grand garçon, nommé Dubéchat, périt
d'une manière bien malheureuse, il était au collège de Chabeuil,
dont son oncle était supérieur ; un orage menaçait d'éclater sur la
ville, et selon l'ancien et dangereux usage de sonner les cloches en
pareil cas, cinq ou six élèves du collège très-rapproché de l'église,
coururent au clocher et sonnèrent à toutes volées. Tout à coup la
foudre, suivie d'un éclair, éclate avec un bruit épouvantable, les
cloches se taisent à l'instant, on court au clocher et on y trouve trois
jeunes gens foudroyés morts sur place, les autres blessés et à moitié asphyxiés. Dubéchat, qui était du nombre de ces derniers, ne
survécut que quelques jours à cette terrible catastrophe, dont les
habitants de Chabeuil ont conservé le souvenir, et qui eut lieu le
31 mars 1768.

le rang d'officiers et un traitement de quatre livres par jour, et outre ce la famille se soumettait de leur faire 600 livres annuellement.

La révolution de 1789 le trouva dans cette position, il fut plus tard élu et nommé capitaine par la compagnie de volontaires, formée par le canton du Pont, devint capitaine de gendarmerie à Privas, puis à Chambéry, et enfin se retira au Pont. Il jouissait d'une modeste retraite et après avoir été successivement adjoint de M. Bellier du Charmeil, maire du Pont, puis percepteur, il mourut sans enfants le 30 mars 1821, après avoir fait son testament en ma faveur. C'était un grand et bel homme, fort adroit chasseur.

5° Charles Terrot, mon père, dont nous allons nous occuper.

CHARLES TERROT

PREMIER DU NOM

ET

MARTHE LACROIX SAINT-PIERRE, DE CHABEUIL

MARIÉS.

Charles Terrot, que nous désignons comme premier du nom, pour le distinguer de ses successeurs portant le même prénom, avait fait ses classes à Valence, au collége de l'ordre du Saint-Sacrement dont son oncle était supérieur, il se destinait à devenir avocat au parlement, et à cet effet avait étudié le droit, mais cédant bientôt à ses goûts simples, il se retira au Pont avec le grade de bachelier ès-droit, et là, s'occupa exclusivement de la culture de ses propriétés, et de la pêche à la ligne à laquelle il excellait.

A la création des départements et des mairies, il fut nommé premier maire du Pont, et il l'était encore lors de ma naissance, en 1795.

Par acte reçu M⁰ Simond, notaire, le 10 décembre 1783, il épousa Marthe Lacroix-Saint-Pierre, fille de M. Lacroix-Saint-Pierre, juge-mage de Chabeuil (*Voir n° 12*), et de dame Élisabeth de Saint-Germain (1).

Charles Terrot 1ᵉʳ, en qualité d'héritier de Jacques-Joseph, son père, se trouvait obligé de régler un compte général et final avec Mᵐᵉ Desmarets, née Flory Blanc, sa tante maternelle, qui avait quitté Romans et était allé habiter avec son gendre à Satilleux, près d'Annonay; il se rendit auprès d'elle avec tous les livres de comptes que son défunt père avait tenus au sujet de la succession de M. de Blanc de St-Romans, père commun des deux dames Terrot et Desmarets; cette dernière, quoique fort âgée, accueillit très-bien son neveu, et sans vouloir examiner aucuns comptes s'empressa de lui signer une quittance finale le 10 germinal an 10, qui fut ap-

(1) Tante de M. le comte et de Mᵐᵉ la comtesse de Montalivet

prouvée par M⁰ Girodon-Pralong, son gendre et son donataire.

Le 30 décembre 1783 par acte reçu M⁰ Grivet, notaire apostolique à Valréas, son oncle l'abbé supérieur du séminaire de cette ville, lui fit donation entre vifs du restant des droits légitimaires qu'il avait encore à prétendre sur les biens de la famille, au moyen d'une faible rente viagère.

Le 1ᵉʳ avril 1785, il fait un traité et règlement de famille avec son frère Joseph Terrot-Sillac, et ses trois sœurs, Madeleine et Marguerite, et Mᵐᵉ Granchier, sa sœur.

Le 16 thermidor an 3, il fait aussi en qualité de mari et maître des droits de Marthe Lacroix-Saint-Pierre, un règlement avec la famille de sa femme qui était composée de M⁰ François Lacroix-Saint-Pierre, son beau-frère, les dames de la Rochette et Martin, nées Lacroix-Saint-Pierre. Il y manquait l'abbé Lacroix-Saint-Pierre, qui avait émigré.

Le 7 avril 1793, il fit encore un traité avec Joseph et Marguerite Terrot, ses frère et sœur, et leur donna un supplément de légitime ; tous ces payements le forcèrent à vendre le cellier des Chirouses au sieur Antoine Guinard, au prix de 9,000 livres. Ce vignoble avait beaucoup perdu de sa valeur, par la chute du pont Rouliard arrivée à cette époque.

Charles Terrot 1ᵉʳ décéda le 30 juillet 1809, laissant la dame Marthe Lacroix-Saint-Pierre, sa veuve, tutrice légale de Zoé et Charles Terrot 2ᵐᵉ, ses deux enfants mineurs.

Du mariage de Charles Terrot 1er et Marthe Lacroix-Saint-Pierre, sont nés trois enfants, savoir :

1° Suzanne-Élisabeth, dite Nancy, née à Chabeuil le 19 novembre 1784, décédée célibataire le 10 août 1863.

2° Madeleine-Joséphine-Zoé, née le 18 mars 1790, et Charles Terrot, deuxième du nom, né le 20 mars 1795, qui est celui qui a écrit cette notice en 1864.

A l'époque de la naissance de Charles Terrot 2me, en 1795, le gouvernement révolutionnaire avait supprimé le culte en France ; les églises étaient fermées ou plutôt converties en maisons communes, les prêtres proscrits, et la plupart émigrés ; néanmoins, quelques-uns d'entr'eux avaient eu le courage de rester au pays, cachés dans des maisons pieuses, ils y disaient la messe et administraient clandestinement les sacrements ; ce fut un de ces prêtres, l'abbé Célestin, caché chez les sœurs Fontaine, du Pont, qui m'administra le saint baptême le 4 juillet 1795, trois mois après ma naissance, et ce fut M. Alexandre-Henri Marchand qui fut mon parrain et ma tante Marguerite Terrot ma marraine ; on me nomma Charles-Jacques-François-Alexandre, quoique le registre de l'état civil, du 20 mars précédent, ne me donne que le seul prénom de Charles.

Madeleine-Joséphine-Zoé Terrot se maria le 8 avril 1818, par acte reçu Me Roux, notaire, avec M. Louis-Bazile Chastellière, licencié en droit, qui a été successivement avoué, avocat et juge suppléant du juge de paix de Saint-Marcellin, où il demeure.

Charles Terrot, deuxième du nom, qui a relevé ces notes, fut nommé surnuméraire en 1815, pour devenir contrôleur des contributions directes, il travailla en cette qualité dans les bureaux de M. Gelly de Montcla, directeur des contributions directes à Grenoble, fit même l'intérim du contrôleur de Voiron. Mais, voyant qu'au lieu de nommer des surnuméraires, le nouveau gouvernement royal replaçait les anciens contrôleurs sans emploi rentrés des pays conquis, il abandonna cette carrière qui lui plaisait assez et fit son cours de droit. Il travaillait en même temps dans l'étude de Me Rochas, notaire à Grenoble, et revint à Château-Gaillard sur la fin de l'année 1817. A cette époque, M. Roux, notaire au Pont, qui avait quarante-cinq ans d'exercice, lui proposa de lui céder son étude, dans laquelle il fut travailler en attendant d'avoir l'âge nécessaire pour lui succéder, et fut reçu notaire au Pont, le 15 janvier 1822.

CHARLES TERROT 2e

NOTAIRE

ET

MARIE - AMÉLIE ÉZINJEARD

MARIÉS.

Le 3 septembre 1821, et par acte reçu Me Argoud, notaire, Charles Terrot, second du nom, épousa demoiselle Marie-Amélie Ezinjeard, de Saint-Jean-en-Royans. (*Voir* n° 13.)

De ce mariage sont nés huit enfants, sur lesquels cinq sont vivants, savoir :

1° L'aîné, Charles Terrot, 3me, notaire, maire du Pont, né le 14 juin 1824, marié le 6 avril 1853 à demoiselle Zénaïde Marchand, du Pont, et de ce mariage est issue Caroline Terrot, née le 20 mars 1861.

2° Fanny Terrot, mariée le 15 février 1847 à M. Joseph Jacquemoud, d'Albertville, en Savoie, procureur du roi à Thonon.

3° Émile Terrot-Lavalette, notaire et suppléant du juge de paix à Saint-Jean, né le 11 avril 1827, marié, le 23 mai 1853, à demoiselle Marie Flasseur, de Lyon. De ce mariage est issu Charles Terrot-Lavalette, quatrième du nom, né le 25 mars 1854.

Deux jumeaux, nés le 25 juin 1831, savoir :

4° Louis Terrot, banquier au Pont.

5° Auguste Terrot, percepteur des contributions directes, marié, le 2 décembre 1861, à demoiselle Fanny Dambuyant, de Tournon. De ce mariage est issue une fille, Marie-Louise, née le 25 juin 1864.

C'est ainsi qu'à l'aide des lois protectrices des familles, et pendant près de trois siècles, les aînés de la famille Terrot, depuis Etienne jusqu'à Charles 2me, qui a recueilli ces notes, s'étaient transmis les biens patrimoniaux de la maison : Vigne-Vacher, aujourd'hui Château-Gaillard, les domaines Dubéchat, à Rencurel, Sillac, etc. Mais une législation nouvelle a changé cet ordre de chose, qui avait bien son bon côté, pour la conservation des familles, les biens dorénavant doivent être partagés par égales parts entre tous les enfants ; peut-être qu'un jour le morcellement outré de la propriété deviendra un inconvénient auquel on sera forcé de remédier ; déjà une pétition a été présentée à ce sujet, au Sénat, à la session dernière.

C'est sous l'empire de ces lois nouvelles édictées par le code civil, que Charles Terrot second et Amélie Ezinjeard, mariés, qui possédaient encore l'ancien patrimoine de la famille, firent, pardevant M⁰ Lacour, notaire, le 6 octobre 1854, un règlement de famille contenant le partage anticipé de leurs biens entre leurs cinq enfants, et par cet acte le vieux domaine patrimonial, *le Béchat*, qui avait été acquis par Etienne Terrot, en 1607, fut assigné au lot de Fanny Terrot, femme Jacquemoud, qui l'a vendu en parties détachées.

J'espère et désire beaucoup que mes successeurs perpétuent la famille et continuent cette notice historique, que j'ai terminée à Pont - en - Royans, en notre campagne de Château-Gaillard, le 20 mars 1865, jour anniversaire de ma naissance (20 mars 1795), âgé par conséquent de soixante et dix ans.

NOTA. — Les originaux de tous les actes, titres et documents, datés et mentionnés dans cet opuscule, sont entre les mains de l'auteur et à la disposition des personnes qui désireraient les voir.

TABLEAU GÉNÉALOGIQUE

DE

LA FAMILLE TERROT

DE PONT-EN-ROYANS

*D'après la notice historique et les actes authentiques
qui y sont mentionnés.*

———

Nota. — Les huit générations du tableau ci-
contre, sont la continuation de la branche aînée,
attendu que toutes les branches cadettes de la famille se sont éteintes sans postérité, même celle du
maréchal de camp Terrot de Lavalette, mon grand-
oncle, décédé en 1793, laissant six enfants; son
fils aîné, officier d'artillerie, qui suivit Lafayette
en Amérique, et y mourut, avait seul laissé une
petite fille, Fanny Terrot de Lavalette, qui, après
avoir épousé M. de Belzevrie, et ensuite M. le docteur Buisson, est morte, il y a quelques années, à
Romans, sans enfants.

```
                    1550
              TERROT, notaire (1).


                    1572
               Etienne TERROT
   Marguerite POURROY, premières noces
   Philippa CHALÉON, deuxièmes noces.


                    1649
              Jacques TERROT Ier,
          Marguerite ARNAUD-BALMAS.


                    1687
             Jacques TERROT IIme,
        Suzanne D'ARMAND DE BLACONS.


                    1712
                 Jean TERROT,
        Madeleine de GUMIN DE LA MURETTE.


                    1738
           Jacques-Joseph TERROT,
        Elisabeth DE BLANC DE BRUDES.


                    1783
              Charles TERROT Ier,
          Marthe LACROIX-SAINT-PIERRE.


                    1821
             Charles TERROT IIme,
             Amélie EZINJEARD.
```

```
1861                              Louis TERROT.
Auguste TERROT
Fanny DAMBUYANT.

        1847                              1853
Joseph JACQUEMOUD,          Emile TERROT-LAVALETTE,
Fanny TERROT.                  Marie FLASSEUR,

                    1853
           Charles TERROT IIIme,
           Zénaïde MARCHAND.
```

(1) Nous possédons ses minutes qui sont dans l'étude de M⁰ Emile TERROT-LAVALETTE, mon fils cadet, notaire à St-Jean-en-Royans.

NOTA. — Les millésimes indiquent les dates des mariages.

NOTE

SUR

PONT-EN-ROYANS

J'ai dit dans ma notice que Pont-en-Royans était autrefois une petite ville bien plus importante et plus peuplée qu'aujourd'hui; voici une pièce qui vient à l'appui de cette assertion : c'est un extrait de l'oraison funèbre de M. de Lyonne, ministre du roi Louis XIV.

La famille de M. de Lyonne, ministre d'État sous Louis XIV, était originaire de Saint-André-en-Royans, son aïeul avait dû son élévation au rôle qu'il avait rempli dans les guerres civiles religieuses, et notamment dans la ville et place forte de Pont-en-Royans. Voici un passage de l'oraison funèbre qui fut prononcée à son décès par M. de Fromentière, évêque d'Aire.

L'orateur dit de M. Messire Hugues de Lyonne, ministre d'État : « Que sa maison estoit une des plus « anciennes du Dauphiné. Sébastien de Lyonne, son « ayeul, donna entr'autre une marque bien glo- « rieuse de sa fidélité au roi Henry III, en lui con- « servant le Pont-de-Royans, qui pour lors estoit « l'un des postes les plus importants du Dauphiné,

« le désordre s'y étant mis pendant les guerres ci-
« viles, et la rébellion de cette place entraînant
« avec elle celle d'une partie de la province, cet
« homme prudent et courageux vit bien que le se-
« cret de pacifier son pays estoit, comme dit Tacite,
« de le soumettre à un seul, au souverain à qui il
« appartenoit. *Discordantes patriæ, non aliud fuisse*
« *remedium quam si ab uno regeretur.* Dans cette
« pensée, il se jeta lui-même dans la place où, moi-
« tié adresse, moitié autorité, il sçut si bien mé-
« nager les esprits, qu'au milieu de la révolte pres-
« que générale du Royaume, il conserva cette ville
« et avec elle une partie du Dauphiné dans l'obéis-
« sance du roi, etc. »

(Extrait de l'oraison funèbre de M⁺ de Lyonne, ministre
d'État, par Mgr Jean-Louis de Fromentière, évêque d'Aire,
que l'on trouve dans les œuvres réunies de cet évêque. Paris,
chez Jean Couterot, 1695; tome intitulé : *Œuvres mêlées*,
page 149 et suivantes.)

NOTA. — Il existait à Pont-en-Royans, au commencement de ce siècle, un médecin fort estimé
nommé Liatier, qui était né à Saint-André, où il
avait des propriétés; un jour il invita le rédacteur
de ces notes à aller se promener à Saint-André avec
son fils, qui était à peu près du même âge, il les
fit passer par Courtevoux (1) et la Bellière. Quand

(1) Courtevoux est une corruption de Courte-Voie. A un kilomè-
tre plus loin, sur Saint-André, se trouve le chemin de Vialonge,
via longa. Il ne faut point s'étonner de trouver des étymologies ro-

ils eurent dépassé le ruisseau Rognon, qui sépare le territoire du Pont de celui de Saint-André, et qu'ils eurent monté une centaine de pas, ils trouvèrent une maison de misérable apparence qui existe encore aujourd'hui, et M. Liatier leur dit : « Croiriez-vous, mes enfants, qu'il est sorti de cette « chaumière un ministre d'un des plus grands rois « de France : il s'appelait Lyonne. »

Voici un acte reçu par Mᵉ Chasténier, notaire, le

maines dans nos contrées, où divers faits attestent la présence des conquérants du monde :

1° Sur le plateau de la Bellière, à Saint-André, il existe une propriété appelée aujourd'hui, par corruption, le Parloir, et anciennement le Palais, qui n'était autre qu'une villa romaine; cette propriété avait été possédée par M. Isnard aîné, du Pont, qui, ayant voulu y faire quelques fouilles pour une construction, trouva d'abord un amas de tuiles plates dites sarrazines, ensuite une infinité de petits morceaux de marbres de diverses couleurs, qui étaient probablement les débris de quelque pavé en mosaïque, et une trentaine de pièces de monnaie romaine, en cuivre, à l'effigie de Dioclétien, Septime Sévère, etc.; il me donna ces pièces, qui étaient grosses comme nos anciens sous, et je les ai malheureusement égarées.

2° Un tombeau qui existe encore dans le bois de Chatronnière, sur Saint-Thomas-en-Royans, atteste par son inscription qu'un pontife romain et son épouse avaient choisi ce lieu solitaire et rapproché des eaux limpides de la Bourne et de la Lyonne, pour y être inhumés.

3° Il y a environ dix ans, qu'en creusant dans une prairie près du village d'Auberives-en-Royans, on trouva, à la profondeur d'un mètre, une urne en bronze contenant cinquante kilogrammes de monnaies romaines en argent, enfouies dans ce lieu depuis près de 1600 ans; je dis seize siècles, parce que ces monnaies, que j'ai vues, et dont je possède encore quelques pièces, étaient presque toutes frappées à l'effigie des Philippe et des Gordien, qui régnaient à Rome l'an 240 à 250 de notre ère.

3 avril 1598, qui prouve mieux que tous les commentaires combien les guerres civiles religieuses furent désastreuses pour la ville de Pont-en-Royans.

VENTE.

Au nom de Notre Seigneur Jésus-Christ, soit tout fait, *amen*, à tous soit notaire :

Comme par le moyen des guerres civiles, pour raison desquelles la ville de Pont-en-Royans aurait été brûlée, et par le moyen aussi de la maladie dernière de la contagion serait décédée plus de la moitié du peuple, tellement que pour raison de ce seraient demeurés plusieurs chasaux (1), terres et autres biens demeurant vacants à ladite ville, laquelle ville défererait iceux biens aux personnes qui auraient moyen de payer les tailles à l'avenir, et aux fins de ce ladite ville aurait fait choix de trois procureurs y soussignés. Or, est-il que l'an 1598 et le 3 du mois d'avril, avant midi, par-devant moi, notaire royal delphinal soussigné, et témoins ci-après nommés, se sont établis en leurs personnes honorables, Gaspard Chastel, Léonard Macaire et Isaac Rouchas, marchands dudit Pont, procureurs de ladite ville et en faisant, en vertu de leur dite procuration reçue par moi, notaire soussigné, aux ans et jours y contenus, qui de leur gré et faisant pour et au nom de ladite ville, ont cédé, quitté, remis et vendu à honnête Guillaume Allemand, fils à feu An-

(1) Chasaux, pluriel de chasal, expression vulgaire du pays qui veut dire maison en mauvais état.

toine, marchand drapier dudit Pont-en-Royans, ici présent, acceptant, acquierrant et stipulant pour lui et les siens, à savoir : est un chasal de maison assis dans la ville dudit Pont, confrontant au chasal des dons prieurs de Laval Sainte-Marie du levant, la rue publique de bise, chasal du sieur Antoine Terrot du couchant, la rivière de Bourne du vent, avec ses autres confins, et moyennant les prix et somme d'un écu, vu et reçu par les sieurs procureurs pour satisfaire à la faction et par achèvement de l'horloge de ladite ville, et bien contents en quittent ledit Allemand, etc.

Fait au Pont-en-Royans, etc.

Signés : CHASTÉNIER, notaire, et plus bas : expédié conforme à l'original, signé : PALLIER, notaire.

Malgré tous les désastres que les luttes religieuses avaient fait éprouver à la ville de Pont-en-Royans, elle possédait encore en 1622 (1) des portes fermantes ; la pièce suivante en fournit la preuve :

A M. le Vibailli de Saint-Marcellin.

Supplie humblement sieur Jacques Terrot, cidevant consul du Pont-en-Royans.

Disant : qu'en ladite qualité de consul, au mois de septembre 1622, il aurait baillé à prix fait à Blaise

---

(1) Ce fut cette même année, et sous le consulat de Jacques Terrot, qu'eut lieu le synode provincial du Dauphiné, tenu au Pont-en-Royans le 29 juin 1622, où assistèrent plus de 80 ministres, et dont les procès-verbaux sont conservés à la bibliothèque de Grenoble.

Derbier, charpentier à Izeron, et à Mathieu Charbon-
nier-Billard, aussi charpentier dudit Pont, de faire
et parfaire quatre couverts aux quatre portes dudit
Pont, savoir : deux assises au Breuil, une sur le pont
et l'autre au bourg supérieur, ensemble faire le por-
tail d'Aix du pignon de ladite porte du bourg, en
fournissant par lesdits maistres de tous attraits nécessaires pour faire ladite besogne, laquelle ils devaient rendre parfaite dans trois mois après, moyennant le prix de cent cinquante livres, qu'ils ont
entièrement retirées sans avoir parachevé ladite besogne, quoiqu'ils en ayent été plusieurs fois requis
par le suppliant.

Ce considéré, Monsieur le Vibailli, il vous plaise
mander, appeler par devant vous lesdits Derbier et
Billiard, pour les voir condamner et contraindre à
parachever ladite besogne ensemble, de passer quittance audit suppliant du susdit prix de cent cinquante
livres, attendu qu'ils sont entièrement payés d'icelui, le tout avec tous les dépens, dommages-intérêts,
et ferez bien.

Signé : Terrot.

Soit communiqué pour appeler partie, le 14 juin
1622.

Signé : Emard.

Cette pièce est suivie de celle-ci :

Henry de Guaragnol, escuier, docteur en droit,
conseiller du roi, vibally et juge majeur du Bas-
Viennois et Valentinois, au siége royal et présidial

du baillage de Saint-Marcellin, au châtelain du lieu ou son lieutenant, ou premier sergent requis, salut : Suivant le décret mis au bas de la requête ci-jointe, présentée de la part du sieur Jacques Terrot, Nous, à sa requête, nous mandons et commandons par ces présentes que ajournons parties suppliées en ladite requête, comparoir à Saint-Marcellin, par-devant nous, à jour certain, heure d'audience, pour venir répondre et défendre aux fins et conclusions de ladite, et procéder comme de raison ; de ce faire Nous donnons pouvoirs.

Donné à Saint-Marcellin, le 14 juin 1624.

Signé : *illisible*.

NOTES

SUR

LA FAMILLE POURROY

———

La famille Pourroy, originaire du Pont, était une des plus anciennes et des plus opulentes du pays; la belle propriété appelée le Château, à Saint-Julien-en-Vercors, leur appartenait, et dans le Royannais ils ont possédé à Saint-Laurent-en-Royans les domaines de Brénières, Mézière et les Chauds; à Sainte-Eulalie, la Roux et les Chantors; à Saint-André, l'Andrevière; à Auberives, le domaine des Balmes, appartenant aujourd'hui à M. Froment, maire; à Chatelus, la Blache; à Choranche, les vignobles qu'on appelle encore les Pourroises, et au Pont, diverses maisons, la propriété de Bernissard et une partie du clos de Château-Gaillard, où sont les jardins aujourd'hui, et où, les premiers, ils avaient fait construire un pavillon appelé Château-Gaillard. Les Pourroy furent successivement notaires et châtelains au Pont, dans le cours du xvi° siècle.

Dans un compte de tutelle rendu par Jacques Terrot, fils d'Etienne, à Etienne Pourroy, son cousin-germain devenu majeur, devant M. de Chatronnière, châtelain du Pont, 4 juillet 1623, nous voyons que le tuteur se charge, entre autres papiers : d'un contrat d'engagement passé par messire Antoine de Sassenage, seigneur et baron dudit Pont, des foulons à drap au profit de noble Paul Pourroy, receveur des états de cette province. Ce Paul Pourroy avait obtenu des lettres de noblesse le 15 juin 1609. Enfin, par acte passé par Mᵉ Carra (1), notaire à Saint-Nazaire en Royans, le 2 janvier 1626, noble Paul Pourroy, conseiller du roi, trésorier et receveur général des états du Dauphiné, prête et donne en constitution de rentes, à Jacques Terrot, son cousin-germain, une somme de 6,000 livres, moyennant la rente perpétuelle de 300 livres, et pour sureté, ledit Terrot hypothèque tous ses biens, et notamment le clos de Vigne-Vacher, sis au Pont, aujourd'hui Château-Gaillard ; mais, comme la plupart des habitants du Pont, les Pourroy étaient protestants, ils sortirent du royaume à la révocation de l'édit de Nantes ; il paraît cependant qu'ils n'émigrèrent pas tous, ou rentrèrent en France peu de temps après, car nous trouvons dans un acte reçu par Mᵉ Pariot, notaire à Grenoble, le 20 novembre 1711, la mention suivante : Par devant, etc., a été présent noble Pierre de Pourroy, seigneur de Rochechinard en Royans, conseiller du roi, chevailler d'honneur en la chambre des comptes de cette province, etc. Aujourd'hui, M. le

(1) Les Carra, notaires à Saint-Nazaire-en-Royans, descendraient, dit-on, de Carra-Moustapha, l'un des compagnons du prince ottoman Zizim.

comte de Quinsonnas, de Crémieux, n'est autre qu'un Pourroy, probablement l'un des descendants du seigneur de Rochechinard, ci-dessus en qualité.

A l'acte sus-daté, reçu par Mᵉ Pariot, notaire à Grenoble, se trouve annexé la procuration suivante:

Par-devant le notaire royal de Saint-Jean-en-Royans, le 14 novembre 1711, a été présente dame Jeanne du Puy, dame de Rochechinard, veuve et héritière de noble Pierre de Pourroy, seigneur de Sernay, conseiller du roi, trésorier de France, général de ses finances en cette province, habitante de la ville de Grenoble, étant de présent dans son château de Rochechinard, laquelle de gré à fait et constitué son procureur noble Pierre de Pourroy, son fils, seigneur dudit Rochechinard, conseiller du roi, chevailler d'honneur, etc..... A la fin de l'acte : Fait et stipulé au lieu de Rochechinard, *dans le château de la dame constituante*, présents MM. François du Poiroux, avocat en la cour, résidant à Romans, etc.

Signé : BRENIER, notaire.

Tous les habitants du Royannais qui ont visité les ruines du château de Rochechinard, seront très-étonnés qu'en 1711, il y a 152 ans, il fut en état de recevoir et héberger sa noble châtelaine.

La terre et seigneurie de Rochechinard appartenaient autrefois à la puissante famille des Alleman, branche des Barochin, et c'est dans ce château que fut interné le malheureux prince ottoman Zizim, en 1484 ; il paraît que cette terre était échue par succession ou acquisition à la dame Dupuy, veuve de Pourroy, et que ces derniers l'avaient cédée à M. du Colombier du Perrier, qui l'a vendue de nos jours en parties détaillées, par l'intermédiaire de la bande noire.

Nota. — En mil huit cent cinquante-deux, mon neveu Chastellière, alors juge de paix à Crémieux, fumait un cigare auprès de son feu, en tête-à-tête avec M. le comte de Quinsonnas ; ce dernier lui dit : « Vous ne vous douteriez pas que notre véritable nom n'est pas Quinsonnas, mais Pourroy ; notre famille est originaire de Pont-en-Royans. »

Au surplus, cette famille Pourroy a donné naissance à des militaires distingués et à plusieurs magistrats, avocats-généraux, présidents au parlement, qui se sont fait remarquer par leur science en droit et leur amour pour les lettres. De nos jours, les deux frères Pourroy, le marquis et le comte de Quinsonnas, forcés d'émigrer, prirent du service en Russie et parvinrent par leurs mérites aux plus hauts grades militaires, sans jamais tirer l'épée contre leur patrie ; rentrés en France sous la Restauration, le marquis de Quinsonnas fut nommé, par le roi Louis XVIII, lieutenant-général, et le comte de Quinsonnas maréchal de camp. Ce dernier suivit, en 1823, le duc d'Angoulême en Espagne, et à la suite de cette expédition, où il se distingua, il fut nommé officier de la Légion d'honneur et commandeur de Saint-Louis. Enfin, M. le comte de Quinsonnas fut élu député de l'Isère, par la circonscription de Crémieux, en 1827.

MM. de Quinsonnas n'ont point, à l'exemple de certains nobles de quatre jours, renoncé au nom patrimonique de leur famille pour prendre le nouveau nom, noble et titré ; car nous voyons figurer parmi les jurés du quatrième trimestre des assises de l'Isère de 1865 : M. le marquis Octavien *Pourroy* de l'Aubérivière de Quinsonnas, propriétaire à Creys-Pusigneux.

NOTES

sur

LA FAMILLE CHALÉON

La famille de Chaléon est originaire du Pont-en-Royans, où, pendant le XVIIe siècle, ses membres y ont longtemps exercé la profession de notaire et la charge de châtelain du baron de Sassenage, marquis du Pont-en-Royans; leur maison était située dans la Grande-Rue, entre la maison Corteys et celle de Philibert, et qui de nos jours a été divisée en deux maisons qui ont encore le même escalier, et qui appartiennent aux sieurs Fillet et Durand.

C'est au châtelain Chaléon qu'était adressée cette courte missive : « Je vous préviens que M. le marquis va passer quelques jours à Monteiller (1). Je vous envoie son piqueur pour que vous lui bailliez quatre-vingt livres de truites, etc..... »

---

(1) La terre et château de Monteiller appartenaient depuis longtemps aux barons de Sassenage ; elle avait passé entre les mains de la famille de Taillepied, qui la vendit à M. Grand, de Saint-Jean-en-Royans; M. Grand-Boulogne, fils de ce dernier, la revendit à M. de Chaponay, dont la fille unique a épousé le comte de Monteynard, qui la possède aujourd'hui.

Au surplus, les châtelains n'étaient que les plats valets des seigneurs qui les nommaient.

Just de Chaléon, né au Pont-en-Royans, était, en 1630, un avocat célèbre au parlement de Grenoble; il fut annobli en 1655.

Laurent de Chaléon, son fils, était conseiller au parlement de Grenoble en 1680. Plus tard, ils achetèrent la baronnie de l'Albenc.

Laurent-César de Chaléon, de Chambrier, conseiller au parlement de Grenoble, fut député de la noblesse du Dauphiné aux états généraux de 1789.

La famille de Chaléon a hérité, de nos jours, d'une partie des biens de M. César de Canel, de Saint-Romans, qui, sous Louis XV, était devenu engagiste de la seigneurie et terre domaniale de Saint-Romans.

27 JUIN 1607

—

TRANSACTION ET ACCORD

FAIT ET PASSÉ ENTRE

NOBLE LOYS DE GRAMMOND

SEIGNEUR DE VACHÈRES

ET

SIEUR ÉTIENNE TERROT

MARCHAND DU PONT-EN-ROYANS

———

Au nom de Dieu soit fait et notoire, à tous con-
nus, ainsi soit que honnête Etienne Terrot, marchand
du Pont-de-Royans, faisant profession de la religion
prétendue réformée, eût été fait prisonnier par voie
militaire, par nobles Jean et Izaac Arbalestier, seigneurs de Blinat et de Beaufort, et Michel Romain,
dit Vaugella, et bien qu'ils portassent les armes pour
le même parti de la religion, et d'icelui Terrot auraient, pour rançon, retiré la somme de quinze cents
livres, qui furent payées le 1ᵉʳ d'avril 1587; ce qui
aurait donné occasion audit Terrot, la paix venue,
de les faire conduire devant la cour de la chambre
de l'Édit, par requette du 7 de juin 1599, pour les
faire condamner à remboursement et restitution de

ladite somme, avec dépens, dommages et intérêts dès le jour de la réception d'icelle, et tant procédé qu'en ladite instance auraient été rendus trois arrêts : le premier, le 19 de mai 1603, par lequel lesdits deffendeurs auraient été admis à la preuve de quelques faits par eux avancés après les premières enquettes, et néanmoins condamnés aux dépens, frayés et taxés le 5 mai 1603 à la somme de 156 livres; le second est du 24 novembre 1604, par lequel fut dit : qu'avant de faire droit sur les fins et conclusions prises par les parties, noble Jean de Gramont, seigneur de Vachères, ou ses hoirs, seraient assignés dans le mois à la diligence des deffendeurs, pour assister en l'instance et deffendre aux conclusions qui seraient contr'eux prises, dépens réservés, et ceux de l'arrêt mainlevable par les deffendeurs; le troisième et définitif, du douzième de juillet 1605, par lequel lesdits Isaac et Jean Arbalestier, et Romain auraient été condamnés à rendre et restituer audit sieur Terrot ladite somme de 1,500 livres et les intérêts depuis l'année 1587, 1er d'avril, et aux dépens; et aucune chose n'apparaissant de la part des hoirs dudit feu sieur de Grammont, ils ont été condamnés à garantir lesdits sieurs Arbalestier et Romain des choses contre eux adjugées avec dépens, dès le jour qu'ils ont été appelés en cause, sans préjudice de leurs qualités d'héritiers sous bénéfice d'inventaire; ayant été depuis les dépens dudit sieur Terrot taxés, le 19 août 1605, à la somme de trois mille cinquante-sept livres, tellement qu'il ne res-

tait rien plus de la part du sieur Terrot qu'à faire
exécuter lesdits arrêts et taxes contre lesdits sieurs
Arbalestiers et Romain. Toutefois noble Louis de
Grammont, à présent seigneur dudit Vachères, re-
connaissant que les dépens qui se pourraient faire
pour l'exécution dudit arrêt contre les deffendeurs
principaux, tomberaient dessus lui, comme condamné en qualité d'héritier avec bénéfice d'inventaire dudit feu Jean de Gramont, son père, à les
garantir par lesdits arrêts, il serait entré en traité;
alors ledit sieur Terrot, pour toutes ses actions et
prétentions pour raison dudit procès et ce qui en dé-
pend, soit pour le principal de ladite rançon, dommages-intérêts et dépens adjugés, taxés ou à taxer,
lequel traité aurait été parfait et arrêté par l'avis
des amis communs des parties. Pour ce est-il que
ce jourd'hui, vingt-septième du mois de juin 1607,
après midi, établi en personne noble Philippe de
Brotin, procureur expressément fondé en cet acte, de
la part dudit noble Loys de Gramont, seigneur de Vachères, ainsi qu'il l'a dit et affirmé et avec promesse
de faire ratifier audit seigneur toutes les fois que
requis en sera avec effet, à peine de tous dépens,
dommages-intérêts, d'une part, et honnête Jacques
Terrot, *bourgeois*, fils dudit sieur Etienne, procureur
par lui aussi expressément fondé en cet acte, ainsi
que sa procuration a apparu, reçue par Me Giroud,
aussi notaire, du onzième de ce mois, aussi d'autre;
lesquelles parties comme procédant, ont de tous leurs
susdits différens, par mutuelles et réciproques stipu-

lations et acceptations intervenant et dûment notifiées, de l'édit fait par le roi sur la validité des transac-tions, accordé et transigé, savoir : que tant pour la somme principale, en laquelle ledit seigneur de Vachères, comme garant susdit, est condamné, que aussi pour tous dépens, dommages et intérêts audit sieur Terrot adjugés, tant pour la poursuite princi-pale que pour les dépens frayés contre lesdits Arbalestiers et Romains deffendeurs et principaux con-damnés, ledit sieur de Vachères à leurs noms et comme leur garant, *grâce faite du surplus* par ledit sieur Terrot pour bonnes causes et considération, sera tenu payer audit Jacques Terrot, son fils et pro-cureur, comme sus étant; ledit sieur de Brotin, au nom dudit seigneur de Vachères et de ses deniers, il lui a payé en notre présence, réellement, la somme de deux mille sept cents livres en valeur de l'édit et en doublons, ducatons, quarts d'écus, testons et douzains, en notre dite présence comptés, reçus et retirés par ledit Terrot, qui, comme bien content et satisfait de ladite somme, a quitté et quitte lesdits Arbalestier et Romain; ensemble ledit seigneur de Vachères, les uns comme les autres et généralement de tous les droits, actions et prétentions que pouvait avoir, tant contre les deffendeurs principaux que contre ledit sieur de Vachères, tant pour le princi-pal, dépens, dommages-intérêts, liquidés et à liqui-der, avec promesse de n'en jamais faire recherches, directement ni indirectement; par même moyen ledit Terrot a rendu aussi réellement et présentement en original tous les susdits arrêts et taxats, ensemble les pièces et procédures faites devant la cour, suivant leurs inventaires tirant jusqu'à double lettre P P, et icelui procès fait en exécution du premier arrêt tirant jusqu'à la lettre O ; comme aussi la susdite procuration reçue par Mᵉ Giroud, lesquelles pièces ont été reçues et retirées par ledit sieur de Brotin, procureur présent. Cédant aussi ledit sieur Terrot audit sieur de Vachères les mêmes droits et actions qu'il a pour les dépens frayés susdit est à lui adjugés, et pour, si bon lui semble, faire payer la part d'iceux contingente et due par Izaac et Jean Arbalestier et Romain, à ses périls toutes fois, et sans que pour ce regard ledit Terrot lui soit d'aucunes garanties, manutention et restitution des deniers, directement ni indirectement, ni que aussi ledit seigneur puisse demander les dépens frayés audit noble Izaac Arbalestier, seigneur de Beaufort, car sans ces deux paches et conditions ledit sieur Terrot n'eut fait ladite cession. Protestant, ledit Terrot, qu'en cette transaction il n'entend traiter ni comprendre les adjudications que lesdits Arbalestier et Romain pourraient avoir eu contre ledit sieur de Vachères pour les dépens de la garantie, comme n'étant de son fait, mais seulement les adjudications qui ont été faites à lui-même et en sa faveur propre.

Ainsi l'ont promis et juré lesdites parties, par serment prêté entre mes mains, garder et observer.

Sans y contredire à peine et avec tous dépens, dommages et intérêts, obligeant à cet effet tous les biens desdits seigneur de Vachères et sieur Etienne Terrot, respectivement, qu'ils ont soumis aux cours desd. Valence, Crest, Chabeuil, Saint-Marcellin et autres Delphinales, où les présentes seront exibées, pour l'observation de ce qui y est contenu et convenu en icelles, avec les renonciations et clauses à ce requises.

Fait et passé audit Valence, dans la boutique de moi, notaire, en présence du sieur Abraam Valentin, marchand de Grenoble, et Jean Bancel, clerc, dudit Valence, témoins requis, et signé avec les parties. — Ainsi signé à la cédule originale des présentes : Philippe de Brotin, Jacques Terrot, Habraam Valentin, Bancel, présents. — En foi de quoi, Reymond Destret, citoyen dudit Valence, notaire royal, a collationné et expédié audit sieur Terrot.

Signé : DESTRET, *notaire*.

NOTES

SUR

MONSIEUR DE LA MOTTE

ET SUR

LA COMMUNE DE RENCUREL

———

M. Teste de la Motte, seigneur de Cognin et de Saint-Péray, en Vivarais, avait hérité depuis peu de temps du domaine du Béchat, situé à Rencurel, de noble Claude Arnaud du Béchat et Louise de Langon, mariés ; il n'en jouit pas longtemps et le vendit par acte reçu par Mes Boisset et Martinet, notaires, le 7 janvier 1606, à Jacques Terrot, bourgeois de Pont-en-Royans, agissant pour et au nom d'Etienne, son père, acquéreur dudit domaine du Béchat.

M. de la Motte, qui était endetté comme un grand seigneur, n'en toucha point le prix ; mais sur sa délégation et par acte reçu Me Chabert, notaire à Valence, le 6 mai 1606, Jacques Terrot en paya le prix à noble Loïs de Votgüé, seigneur de Gordon, en haut Vivarais, créancier de M. de la Motte, la somme de trois mille livres en doublons d'or d'Espagne, escus, sols, pièces de vingt et dix sols et autres bonnes espèces, et le surplus du prix du Béchat fut payé le lendemain, par acte passé devant le même notaire et sur l'indication de M. de la Motte, à demoiselle Claude de Fombonne, veuve et héritière de feu noble Antoine de Barjac, seigneur de Bourg, en haut Vivarais, etc.

Rencurel, qui faisait autrefois partie des sept communes qui composaient le marquisat de Pont-en-Royans, est aujourd'hui une des douze communes qui forment le canton du Pont.

Il existe à Rencurel, entre le hameau de la Balme et le mas de Cordeil, sur une éminence, les ruines d'un château fort d'une assez grande étendue, et dans le pays aucun souvenirs ni traditions ne se sont perpétués sur ce vieux manoir.

Dans ses savantes et minutieuses recherches, M. de Valbonnais, premier président à la chambre des comptes, a trouvé dans les archives delphinales un titre qui semblerait jeter quelque lumière sur l'existence de ce vieux donjon féodal, il est en latin et intitulé : *Hommagium dominorum de Renculero*. 1237.

C'est un acte notarié, en latin, par lequel Arnaldus, seigneur de Rencurel, met sous la protection et suzeraineté du dauphin, *Castellum cum mendamento atque Balman Arnaldi*, son château avec tout son mandement, y compris la Balme des Arnaud. Dans cet acte, le seigneur de Rencurel jure, sur les saints Évangiles une fidélité éternelle au dauphin, tant pour lui que pour ses successeurs, et promet de le défendre contre tous ses ennemis et même de lui

remettre le château sans détérioration, et de son
côté le dauphin promet toute sa protection au seigneur Arnaldus, il lui concède et maintient l'honorable prérogative attachée à leur maison, d'être toujours à l'avant-garde de l'armée et d'occuper les
postes les plus avancés, tout comme dans la retraite
c'était à eux à faire la garde du camp et à ne défiler
que les derniers. Ce même titre ajoute que dans le
partage du butin, les seigneurs de Rencurel avaient
toujours la meilleure part et choisissaient par pré-
férence. *Concessit ut primo animal captum habeant
præcipuum ad opus gestæ suæ di præda capta, etc.*

Il n'est pas douteux que ce belliqueux seigneur
Arnaldus, dont le nom ne peut se traduire que par
Arnaud, ne fut en 1237 le propriétaire du château
fort de Rencurel, de son mandement et de la Balme,
mais il reste à savoir si ce noble Claude Arnaud du
Béchat, qui avait institué pour héritier M. de la
Motte, était un des descendants des seigneurs Arnaldus; c'est très-probable, puisqu'il portait le même
nom et possédait les mêmes terres, qui, dans l'acte
de vente passée par M. de la Motte à Jacques Terrot,
en 1606, étaient désignées : environ 500 sétérées,
tenant depuis l'église jusqu'à la rivière de Bourne.

Il reste aussi à savoir si l'honorable famille Arnaud, qui a toujours habité Rencurel, où elle existe
encore, ne descendrait pas du seigneur Arnaldus ;
c'est possible, mais on se demanderait pourquoi ont-
ils renoncé à la noblesse, à laquelle on tenait beaucoup, surtout avant la révolution de 1789 ?

Cet acte, portant hommage des seigneurs de Rencurel en faveur du dauphin, porte la date du 11 juin
1237; il fut passé dans l'église de Saint-Robert, sous
le pontificat de Grégoire IX, devant Mᵉ Thomas, notaire, et eût pour témoins les seigneurs de Sassenage, de Saint-André, de Bardonnanche, de Podio,
de Sayssin et de Clerieux.

NOTES

SUR

LA FAMILLE GLÉNAT

La famille Glénat était une des plus anciennes maisons bourgeoises du Pont, lors du mariage de Philippa Terrot avec Jean Glénat, devant Buisson, notaire à Grenoble, le 11 février 1639. Le futur agissait en présence et sur l'avis et conseil de Mᵉ Duport, avocat en la cour châtelaine de la Mure, son oncle maternel, de M. Vial d'Alson, conseiller du roi et trésorier général de ses finances, en Dauphiné, son parent, et de Mᵉ Pierre Glénat, son frère, avocat en la cour ; la famille Glénat habitait au Pont la maison qui a un balcon sur la Grande-rue, aujourd'hui possédée par MM. Marchand et Allard ; en 1819, M. Glénat et sa famille quittèrent le Pont pour aller se fixer à Virieux, où ils avaient des propriétés du chef de Mᵐᵉ Coq-Lagrange, mère de M. Glénat. Cette honorable famille est aujourd'hui représentée par Mᵐᵉ veuve Mathieu, née Eulalie Glénat, propriétaire à Virieux, et ses enfants.

NOTES

SUR

JACQUES TERROT IER

———

J'ai trouvé diverses lettres adressées à Jacques Terrot 1ᵉʳ pendant qu'il était consul du Pont, j'en relate ici quelques unes, entr'autres la suivante, émanant du connétable Lesdiguières :

« A MM. les consuls du Pont-en-Royans,

« Messieurs,

« Je vous envoie par mon laquais, une lettre de monseigneur le connétable, maintenant que vous autres l'ayant reçu, de me donner contentement, j'en traiterai toujours à l'amiable, si vous y êtes disposé, vous prendrez la peine de m'envoyer quelqu'un ici, n'en pouvant sortir pour être tout seul, si non je vous prie de me mander vostre volonté, cependant vous me croirez s'il vous plait,

« Messieurs,

« Votre très-humble serviteur,

« Le chevalier DE MONTENET.

« De Beauchastel, le 16 septembre 1622. »

Lettre du connétable Lesdiguières.

« Aux châtelains et consuls du Pont-en-Royans,

« Consuls du Pont-en-Royans, j'ai su que vous apportiez de la longueur et difficultés à compter avec le sieur Doissin, ou son lieutenant, pour ce que vous lui pouvez devoir de son logement ; aussitôt que vous aurez reçu la présente, ne faillez de vous disposer à ce compte, conformément aux ordres expédiés au sieur de Chamanieu, et à payer incontinent, ce qui se trouvera justement lui être dû. ou à son lieutenant, à quoi m'assurant que vous ne faudrez, je serai

« Votre entier et parfait ami, Lesdiguières.

« Ce 9 septembre 1622, au Saint-Esprit.

« J'entends que vous lui payez tout ce qui sera lui estre dû par mes ordonnances. »

Cette lettre n'est pas écrite par le connétable Lesdiguières, sa main affaiblie par son grand âge (80 ans), y a mis seulement la finale : *Votre entier et parfait ami, Lesdiguières ;* elle est datée du Pont-Saint-Esprit, où le connétable s'était rendu sur la fin de sa vie, pour réduire quelques petites places que les protestants tenaient encore au-dessous de Valence, et c'est dans cette ville où il termina sa longue et glorieuse carrière, en 1626, âgé de près de 84 ans (1).

(1) Lesdiguières faisait à cette époque le siége du Pouzin, ou Maugiron fut tué le 4 mars 1622 ; ce Maugiron était maréchal de camp, fils du lieutenant-général commandant la province du Dauphiné, frère de Louis de Maugiron, l'un des mignons de Henri III.

Dans sa lettre Lesdiguières reproche aux consuls du Pont, *de mettre de la lenteur et difficulté à exécuter ses ordres;* il aurait du réfléchir ce vieux chef des protestants, que s'il avait abjuré en devenant catholique, les consuls du Pont, fermes dans leur croyance, ne l'aidaient qu'avec répugnance à guerroyer maintenant contre leurs corréligionnaires (1).

Lettre de M. le baron de Sassenage, marquis
de Pont-en-Royans.

(Nous respectons l'orthographe.)

« Monsieur Terrot,

« Vous délivrerez au quadet de Probier, et Antoine Gullon, et Antoine Raymon, et Géromme Chabert, au chacun sent livres, lesquels je vous conteray sur ce qui est acordé, mais ne les faistes attendre et je suis,

« Votre bon amy à vous servir,

Sassenage.

« De la Batlye, le 19 octobre 1622 (2).

« B. P. 400 livres. »

(1) Par une coïncidence singulière, les places du Pouzin et de Baïs, dont le Connétable faisait le siége, étaient défendues par Hector d'Armand, de Blacons, dont Jacques Terrot 2ᵐᵉ, fils de Jacques Terrot, consul, épousa la nièce, ainsi que nous le verrons ci-après.

(2) Ainsi que nous l'avons dit, la famille de Sassenage possédait à Saint-Laurent-en-Royans, commune qui faisait partie du marquisat du Pont, un château appelé la Bâtie, qui était au centre et dominait tout le Royannais.

Autre lettre de M. de Sassenage.

« Consuls, retirez un reçu de ce que vous baille-
rez à ces quatre soldats, et que par inclus il soit
dit que moyennant les sommes qu'ils reçoivent, ils
ont promis de m'accompagner au voyage de la Rochelle, montés et armés (1).

« Signé SASSENAGE. »

Le consul Jacques Terrot s'empressa de se con-
former à la lettre que M. de Sassenage lui avait
écrite de son château de la Bâtie, car le même jour
19 octobre 1622, et par deux actes reçus par Mᵉ Pallier, notaire, il paya les 400 livres aux quatre gendarmes désignés par M. le baron.

Teneur de ces deux actes :

Quittance.

« L'an 1622 et le dix-neuf octobre, après midi,
par-devant moi, notaire royal, delphinal, soussigné,
et les témoins sous-nommés :

« Se sont personnellement établis : sieur Antoine
Gullon, Antoine Raymond et Blaise Probier de la
Coste-Saint-André, gendarmes de la compagnie des
chevau-légers de monseigneur le baron de Sassenage, lesquels agréablement ont confessé et con-
fessent avoir reçu réellement et comptant, en pis-

---

(2) Il parait que M. de Sassenage avait levé à ses frais une compagnie de cavalerie, pour aller au siége de la Rochelle, occupée
par les protestants et assiégée par Louis XIII et le cardinal de
Richelieu.

toles, escus, quarts d'escus et douzains, de mondit
seigneur de Sassenage, absent, par les mains de
sieur Jacques Terrot, consul du Pont-en-Royans,
présent, acceptant et stipulant, tant en son nom
que de mondit seigneur de Sassenage, assavoir : la
somme de trois cents livres, de l'ordonnance, que
mondit seigneur aurait promis auxdits constituants
pour estre de sa compagnie de chevau-légers, et
comme étant bien contens, payés et satisfaits de
ladite somme de trois cents livres, ils ont quitté et
quittent ledit consul, et par ce moyen ledit seigneur de Sassenage, avec promesse de ne jamais en
faire demande, directement ni indirectement, et
lesdits constituants ont promis et juré de suivre
et accompagner mondit seigneur de Sassenage en
son voyage de la Rochelle, autant que de besoin
sera, en ladite qualité de gendarmes de la compagnie de chevau-légers de mondit seigneur de Sassenage, estant montés et armés selon l'estat de leurs
charges, le tout à peine de tous dépens, dommages
et intérêts, etc. Signé PALLIER, notaire. »

Autre quittance.

« L'an 1622, et le 19 octobre, avant midi,
« S'est personnellement établi sieur Gerome Chabert, de Saint-Jean-en-Royans, lequel agréablement pour lui et les siens, a confessé avoir reçu
réellement et comptant en pistoles, escus et autres
monnaies, de haut et puissant seigneur M. Gaspard

de Sassenage , seigneur et baron dudit lieu et de
Pont-en-Royans , absent , par les mains de *sieur
Jacques Terrot*, consul dudit Pont, présent, acceptant
et stipulant, la somme de cent livres que mondit
seigneur a promis au constituant, pour être de sa
compagnie de chevau-légers dudit seigneur de Sassenage , et en qualité de gendarme l'accompagner
en son voyage de la Rochelle , etc. Signé PALLIER,
notaire. »

Le consul Jacques Terrot avait encore payé une
somme de cent cinquante livres, pour le compte de
M. de Sassenage, suivant la quittance privée suivante :

Quittance.

« Nous, soussignés, de Cournoux, Duthiculay et
de la Motte, de la compagnie de M. le baron de
Sassenage, confessons avoir reçu dudit sieur, par
les mains de *M. Terrot, consul du Pont-en-Royans*,
la somme de cent cinquante livres , sur ce qu'il
nous a promis, entr'autres conditions, pour aller
au service du roi, en son armée de la Rochelle,
sous la conduite dudit sieur baron.

« Fait à Saint-Marcellin , le 20 octobre 1622,
signé DE COURNOUX, DUTHICULLAY, DE LA MOTTE. »

Autres lettres.

« A M, Terrot, consul au Pont.

« Monsieur et cher consul ,

« Je vous envoie le sieur de la Rochette, de la

compagnie de M. de Sassenage, lequel je vous prie loger en votre ville du Pont, attendant la venue de M. de Sassenage, et je suis,

« Votre humble serviteur.

« LACARDONIÈRE (1).

« 3me octobre 1622. »

───

« Messieurs les consuls du Pont,

« Je vous prie de bailler logement à M. Villeton, présent porteur, qui est de la compagnie de M. de Sassenage, et je suis,

« Votre humble et obéissant serviteur,

« LACARDONIÈRE.

« La Bâtie, le 4me octobre 1622. »

───

« Messieurs les consuls,

« Vous ne ferez faute promptement, la présente reçue, de bailler des chevaux pour m'apporter en cette ville, le drap que la Verdure a choisi pour faire les casaques de mes chevau-légers.

« Par commandement de monseigneur de Sassenage.

« DANGLÉE. »

───

Préambule d'une assemblée des habitants du Pont-en-Royans.

« L'an 1623 et le vendredi, onzième jour du mois d'août, au Pont-en-Royans, dans la maison de

(1) Homme de confiance de M. de Sassenage.

moi, notaire, greffier dudit lieu, par-devant noble
Arthur Bertrand, sieur de Chatronnière, capitaine
et châtelain dudit Pont, sont comparus : *sieurs Jac-*
ques Terrot et Hugues Berrier, consuls modernes
dudit Pont, lesquels ont dit : que pour subvenir à
plusieurs grandes affaires arrivées sur ladite communauté du Pont, et au moyen des troubles
et guerres, grâces à Dieu passées, ils seraient
été contraints d'emprunter de grandes sommes de
divers, pour empêcher le logement des gens de
guerre qui journellement estaient à la porte des
pauvres gens, qui ont tellement travaillé le pauvre
peuple, qu'ils ont été contraints, à faire lesdits
emprunts, et pour lesquels satisfaire, ils auraient
présentés deux diverses requêtes à nos seigneurs
de la cour de parlement, sur deux divers actes
d'assemblées générales, faites par lesdits habitants
et sur icelles obtenu permission : 1° pour péréquer
sur tous les habitants et forains y tenant biens, la
somme de deux mille livres, pour satisfaire aux
objets mentionnés et spécifiés par les premières
dites assemblées en date du 4 mars 1616, pour lequel ils ont obtenu ladite permission, en date du
19 dudit mois de mars, signé pour la cour, *Le Roux;*
ce qu'ils n'auraient pu péréquer jusqu'à présent,
qu'ils auraient obtenu l'autorisation de ladite cour, en
date du 10 juillet, signé par la cour *Duvivier* plus
pour péréquer la somme de 3000 livres pour acquitter et payer les dettes mentionnées et spécifiées
par le second acte d'assemblée, en date du 1ᵉʳ no-

vcmbre 1622, etc.., et avons ordonné qu'il sera par-
devant nous procédé à la cotisation et péréquation
dudit rôle par nous, Jacques Chaléon, Pierre Terrot
(1), François Macaire, Pierre Pourroy, Pierre Muret,
Mᵉ Jourdand Giroud, notaire, Paul Danglée, et Jean
Cotte, dudit lieu du Pont, iceux produit par lesdits
consuls, pour péréquateurs, cotisateurs du présent
rôle, lesquels après avoir respectivement prêté serment, tenant la main en haut à la forme ordinaire,
ont procédé à ladite cotisation et péréquation, etc.

« Pour extrait, parte in quâ, délivré à sieur Jacques Terrot. Signé PALLIER, notaire. »

NOTA. — La morale de cette assemblée est que
ce n'est pas d'aujourd'hui, que ce brave et bon
peuple français est accablé d'impôts.

---

(1) Ce Pierre Terrot était fils unique de feu Philippe et de Philippa Chaléon, il était cousin et beau-frère de Jacques Terrot,
consul; il avait eu d'Anne Terrot, sa femme, deux filles, qui épousèrent: l'une M. Bertrand de Chatronnière, et l'autre, M. de Flandy,
conseiller du roi, et son procureur général, en la chambre des
comptes.

28 OCTOBRE 1657

—

MARIAGE

————

« A l'honneur et gloire Dieu, soient toutes choses faites à tous soient notoire, que cejourd'hui vingt-huitième octobre après-midi, année mil six cent cinquante-sept. Par-devant nous notaire royal héréditaire soussigné, et en la présence des témoins ci-après nommés. se sont personnellement constitués, sieur Jacques Terrot, du Pont-en-Royans, d'une part,

« Et damoiselle Suzanne d'Armand, fille naturelle et légitime de feu messire Jean d'Armand, seigneur de Lux, et de dame Izabeau de Forets, d'autre part, lesquelles parties de leur gré et bonne volonté, procédant, savoir : ladite damoiselle de l'avis et consentement de messire Hector d'Armand de Forets, seigneur de Blacons, Miribel, Condillac et autres places, son frère et autres leurs parents et amis desdites parties et au bas du présent nommées, ont promis et juré par mutuelle et réciproque stipulation et acceptation intervenants entre les mains de moi, notaire, se prendre recevoir et épouser l'un

l'autre par foi et loyauté de mariage en face de sainte
Eglise, à la première et seule réquisition que l'une
desdites parties fera à l'autre, les solennités des trois
annonces ayant jà ci-devant été faites aux formes
ordinaires, ensuite des promesses de mariage entre
eux faites de main privée par eux signées du dixième
du mois de septembre dernier, par eux exibées,
puis après retirées, et d'autant que toutes coutumes
dans ce pays usitées les filles doivent être dottées
pour s'aider au support des charges de mariage ; à
cette cause s'est aussi personnellement constitué le
susdit messire Hector d'Armand, seigneur de Blacons, frère de ladite damoiselle, susdite épouse,
lequel agréablement procédant de l'avis et conseil
de noble Adrien de Baysse, son cousin, habitant du
mandement de la Baume d'Hostung, son curateur,
qu'il s'est fait pourvoir par-devant MM. Eymard
Brenier, docteur ex-droit, lieutenant du sieur Guge
du mandement de Beauregard, par acte ce jour fait
un peu auparavant ces présentes, par moi, notaire,
pour en qualité de greffier dudit Beauregard, et au
bas des présentes insérée a donné constitué et assigné en dot à la damoiselle Suzanne d'Armand, sadite
sœur, épouse à venir et pour elle audit sieur Terrot,
son futur époux, à savoir la somme de neuf mille
livres, savoir : huit mille livres pour le légat à elle
fait par ladite feue dame Isabeau de Forets, sa mère
en son dernier testament reçu par Mᵉ Pélapras, notaire, de sa date, et mille livres pour le légat aussi
à elle fait par feu messire Henri d'Armand, son

frère, en son dernier testament, reçu par M⁰ Delor, notaire de Marsanne, du jour y contenu, lesquelles neuf mille livres ledit seigneur de Blacons, sera tenu comme il l'a promis et juré auxdits époux de payer dans trois années prochaines, après la célébration du présent mariage en trois payes égales : la première commençant une année après ladite célébration dudit mariage ainsi continuant d'année en année, fin à l'entier payement desdites neuf mille livres, pendant lequel temps et terme il sera tenu comme ainsi il l'a promis de leur payer les légitimes fruits à la côte de l'ordonnance du denier vingt, lors duquel paiement icelui préalablement fait, ladite damoiselle promet de faire quittation audit seigneur de Blacons, son frère, de tous les droits qui lui peuvent compéter au sujet du susdit légat pour s'en servir ainsi et comme il verra à faire sans qu'elle lui en soit d'aucune monutention ni restitution de deniers et sans que cela lui puisse préjudicier aux autres droits qu'elle peut avoir d'ailleurs que dans ceux sus constitués, d'où qu'ils puissent arriver procéder, lesquels susdits biens ledit sieur Terrot aura en après jouir, comme un mari peut et doit jouir des biens et droits de sa femme, tant de droit que de coutume, lesquels étant reçus il sera tenu de reconnaître et assurer sur ses biens, au profit de ladite damoiselle, la future épouse, pour en tous cas lui être rendus et conservés en la forme du droit, pour augment et accroît de laquelle dot s'est aussi personnellement establi ledit sieur Terrot, lequel agréablement

8

a donné et donne par donation ferme et irrévocable
faite entre vifs et à cause du présent mariage à ladite damoiselle d'Armand, sa promise, à savoir la
somme de trois mille livres, et pour bagues et
joyaux la somme de mille cinq cents livres, de quoi
ladite damoiselle pourra faire et disposer à ses
plaisirs et volontés, au profit des enfants qui naî-
tront dudit mariage, à la forme du droit, bien en-
tendu que ledit sieur Terrot ne sera point obligé
d'augmenter la susdite somme en considération des
autres droits qu'il pourra recevoir de ladite damoiselle d'Armand, sans néanmoins qu'il puisse être
chargé de la poursuite d'iceux et en cas de restitution de ladite dot advenant à promis et juré ledit
sieur Terrot y celle ou ce qu'il se trouvera en avoir
reçu le tout, rendre et restituer à ladite damoiselle
susdite épouse, ou à ceux à qui de droit appartiendra payer lesdits augments, bagues et joyaux,
si l'y échoit ainsi que dessus est écrit; a été le
tout convenu et accordé entre lesdites parties
respectivement, lesquelles a tout ainsi comme à
cela chacune d'ycelle touche et concerne ont promis et juré d'avoir le tout à gré, tenir, maintenir
les choses par eux promises les uns aux autres, sans
y contrevenir à peine de tous dépents, dommages et
intérêts; et pour être contraints à l'observation ils
ont respectivement soumis et obligés tous leurs
biens quelconques présents et à venir, même ledit
seigneur de Blacons pour les choses par lui promises a expressément obligé et hypothéqué la terre et

seigneurie de Miribel et les domaines qu'il y a eu dépendant, la généralité ne dérogeant à la spécialité et sans préjudice des hypothèques acquises à ladite damoiselle d'Armand, sur les biens hypothéqués, pour les droits dottaux de ladite feue dame Isabeau de Forets, sa mère, et dudit légat fait par son dit feu frère, et ce au cours du souverain parlement de Dauphiné et autres lieux où besoin sera, pour l'entière exécution des présentes et à une seule pour le tout en renonçant à tout droits et lois, tenant au contraire à ce qu'ils ont ci-dessus promis de tout quoi lesdites parties m'ont requis actes qui ont été *faits et stipulés dans le château de la Junchère*, en présence de messires Reyné Dupuy de Montbrun, seigneur de Villefranche, La Junchère, Beauregard, Jaillans, Meymans et autres places, maréchal de camp des armées du roi, MM. Jean-François Faizan, docteur en théologie et ministre en l'église du Pont-en-Royans, MM. Eymard Brenier, docteur ex-droit, avocat au parlement de Grenoble, résidant dans la ville de Romans, M. Jean Roux, notaire habitant dudit lieu de Meymans et sieur André Arnaud Balmas, notaire royal de Saint-Paul, témoins à ce appelés et soussignés avec les parties.

« Ainsi à l'original signé Terrot, Suzanne d'Armand, Blacons, Baysse, Villefranche Montbrun, Faizan Arnaud, La Junchère de Montbrun, Brenier, Roux, et moi notaire soussigné, Brenat, notaire.

« Extrait collationné en son propre original, par

moi, notaire, et expédié audit sieur Terrot, requis.
Signé Brénat, notaire.

« S'ensuit la teneur de l'acte de Curatelle duquel
est fait mention au contrat de mariage ci-dessus
écrit.

« Du vingtième jour du mois d'octobre avant midi,
année mil six cent cinquante-sept, au lieu de la
Junchère, mandement de Beauregard, par-devant
nous Eymard Brenier, docteur ex-droit de la ville
de Romans, lieutenant du sieur Juge dudit mandement de Beauregard.

« A comparu

« Messire Hector d'Armand de Forêts, seigneur de
Blacons, Miribel, Condillac et autres places, lequel
nous a remontré qu'étant habitant en ce lieu depuis
une année, désirant de marier damoiselle Suzanne
d'Armand, sa sœur, qui se trouve à présent en ce
dit lieu de la Junchère avec sieur Jacques Terrot,
du Pont-en-Royans, et lui faire sa constitution do-
tale, mais d'autant qu'il se trouve être mineur, il
lui est nécessaire d'avoir un curateur pour lui donner avis et conseils en cet acte, pour l'autoriser en
ladite constitution et acte de mariage, et rendre le
tout plus valable, et pour cet effet il aurait jeté les
yeux sur noble Adrien de Baysse, son cousin, ici
présent, qu'il s'est nommé pour son curateur, le
priant vouloir aggréer ladite charge en cet acte tant
seulement ce que ouï par ledit sieur de Baysse il a
y celle accepté, de tout quoi il nous à requis acte.

« Sur quoi nous lieutenant susdit avons octroyé

acte pour servir et valoir ce que de raison et attendu
ladite nomination et acceptation faite par ledit sieur
de Baysse, avons à icelui fait prêter le serment de
bien et fidèlement exercer ladite charge de curateur
en l'acte ci-dessus mentionné selon Dieu et conscience, ce qu'il a promis et juré de faire.

« Fait en présence de sieur Jacques Guérimand,
marchand de la ville de Crest et Me Jean Roux, notaire, habitant audit Beauregard, témoins à ce appelés et soussignés avec lesdits seigneurs de Blacons et dit sieur de Baysse, curateur susdit.

« Ainsi à l'original Brenier, Blacons, Baysse, Guérimand, Roux et moi, écrivant soussigné Brenat,
greffier.

« Extrait de son original par moi, notaire, dûment
collationné, expédié audit sieur Terrot, requis.
Signé BRÉNAT, notaire. »

—

TESTAMENT

DE

NOBLE HENRI D'ARMAND DE FOREST

CHEVALIER

SEIGNEUR DE BLACONS, CONDILLAC ET AUTRES PLACES

———

« Au nom de Dieu soit fait Amen, sachent tous
présents et à venir que l'an de grâce mil six cent cin-
quante-quatre et le seizième jour du mois de juin,
après midi, règnant très-chrétien et victorieux prince
Louis quatorzième du nom, par la grâce de Dieu roi
de France et de Navare, dauphin du Viennois, comte
du Valentinois et Diois, par-devant moi, notaire,
tabéllion royal, garde-note, petit scel héréditaire,
soussigné, et témoins bas nommés, s'est établi en
sa personne noble Henri d'Armand de Forest, chevalier, seigneur de Blacons, Condillac et autres places, lequel de son bon gré, sain de ses sens, mémoire et entendement, étant dans le lit de Jean
Aubenas, habitant au mandement de Marsanne,
*blessé d'un coup d'épée sous la tetine droite, à la troi-
sième côte*, considérant la mort être convenue, n'y
ayant rien de si certain ni si incertain que l'heure
d'icélle, afin que, après son décès, ne soit procès

entre ses parents, pour raison des biens qu'il a plu
à Dieu lui donner, il a voulu faire son dernier testament noncupatif, à la forme ci-après : 1° A recommandé son âme à Dieu le créateur, à la forme de
ceux de la religion prétendue réformée de laquelle
il fait profession, veut son corps être enseveli, l'âme
étant dehors, au lieu où bon semblera à son héritier après nommé ; item, ledit testateur donne et
lègue aux pauvres de Dieu dudit Condillac, la somme
de cent cinquante livres payables un an après son
décès, et moyennant ce veut que soient contents, et
que autre chose ne puissent avoir ni demander sur
ses bien ; pour ses œuvres pies et frais funéraire les
laisse à la disposition de son héritier, lequel il prie
de s'acquitter selon sa qualité. Item, ledit testateur
donne et lègue et, par institution particulière, laisse
à damoiselle Isabeau d'Armand, sa sœur, femme de
noble François Grachet, sieur de Gaveau, la somme
de mille livres, payables en deux payements égaux,
le premier un an après son décès dudit testateur, et
l'autre une année après suivante et, moyennant ce,
veut qu'il s'en contente et que autre chose ne puisse
avoir ni demander sur ses biens, la faisant audit
légat son héritière particulière ; item ledit testateur
donne et lègue à damoiselle Suzanne d'Armand, sa
sœur, une seule somme de mille livres, payable
lorsqu'elle se colloquera en mariage, ou lorsqu'elle
sera en âge de valablement acquitter, etc. »

Nota. — Il est probable que le coup d'épée
qu'Henri de Blacons, qui était l'aîné de la famille,

avait reçu au côté droit de la poitrine, était le ré-
sultat, soit d'un duel, soit encore de ces malheu-
reuses luttes religieuses ; au surplus, il mourut des
suites de sa blessure, puisque Jacques Terrot se fit
expédier son testament, pour être payé du legs de
mille livres qu'il avait fait à Suzanne, sa sœur,
femme de ce dernier.

Je joins ici l'extrait du contrat de mariage de
Jean d'Armand et Isabeau de Forets, reçu Mᵉ Pela-
prat, notaire, le 9 avril 1624 ; ce Jean d'Armand
était père de Henri d'Armand de Blacons, dont le testament est ci-dessus, et beau-père de Jacques Terrot, mari de Suzanne d'Armand ; nous en citons le
préambule pour donner une idée de la naïveté du
style notarial de l'époque.

« MARIAGE fait et passé entre noble Jean d'Armand,
seigneur de Lux, Rochebrune, Beauvoisin et autres
places, baron des baronnies de Bauvière et vallée
de Touraine, fils de feu Pierre d'Armand, seigneur
dudit Lux, d'une part,

« Et

damoiselle Isabeau de Forets, fille de messire Ale-
xandre de Forets de Mirabel, seigneur de Blacons,
Condillac, Sauzet et autres places, et de damoiselle
Marguerite de la Tour de Gouvernet, d'autre part :

« Au nom de Dieu soit fait et à tous présents et à
venir, soit chose notoire et manifeste, que comme
ainsi soit que à l'honneur et gloire de Dieu *et aug-
mentation du genre humain*, mariage a été traité par
paroles advenir, entre noble, etc. »

NOTES

FAMILLE DUPUY DE MONTBRUN

————

Ce Réné Dupuy de Montbrun, maréchal de camp, seigneur de Villefranche, la Junchère, etc...., dans le château duquel fut célébré le mariage de Jacques Terrot avec Suzanne d'Armand de Blacons, était le petit-fils du fameux Montbrun, général des réligionnaires protestants, qui fut décapité à Grenoble, par arrêt du Parlement, le 13 août 1575, et dont les biens avaient été confisqués (1) ; mais, plus tard, sa mémoire fut réhabilitée et les biens rendus à sa famille, dont Henri IV prit un soin particulier ; le père de Réné, qui était fils du fameux Montbrun, succéda au marquis de Crillon dans la

————

(1) Charles Dupuy de Montbrun, surnommé le Brave, était par sa femme, neveu du cardinal de Tournon. Lors de son procès au parlement de Grenoble, la noblesse protestante réunie à Mens avec Mᵐᵉ de Montbrun fit les démarches les plus actives pour qu'il fut traité en prisonnier de guerre et non en rebelle ; ils furent jusqu'à offrir pour sa rançon deux places fortes qui étaient en leur pouvoir, Livron et Serres, ils seraient même parvenus à le sauver, sans les ordres exprès de la cour, Henri III n'avait jamais pu lui pardonner le pillage de ses bagages au Pont-de-Beauvoisin lorsqu'il revenait de Pologne pour régner en France. Il mourut avec le courage d'un héros ; le parlement tremblait.

charge de colonel des gardes du roi Henri IV. Une sœur de Réné, Olimpe de Villefranche-Montbrun, avait épousé, le 30 août 1656, Hector d'Armand de Blacons, beau-frère de Jacques Terrot.

A la révocation de l'édit de Nantes, M. le marquis de Villefranche, fils à Réné, quitta le royaume, je ne sais s'il est rentré; quant au château de la Junchère, près l'Ecancière, sur la rive gauche de l'Isère, entre Saint-Nazaire et Romans, il existe encore, mais depuis longtemps il n'appartient plus à la famille Montbrun.

Cette famille Dupuy était originaire d'Italie et s'appelait primitivement *de Podio*. Elle figurait déjà en Dauphiné en 1237, puisque c'est un *de Podio* qui servit de témoin à l'hommage que le seigneur de Rencurel rendit au Dauphin. (*Voir*, ci-devant, n° 5.)

CERTIFICAT DU CURÉ DU PONT

« Nous, soussigné, prieur et curé de la paroisse du Pont-en-Royans, diocèse de Grenoble, attestons et certifions que *M. Jean Terrot de la Valette, bourgeois dudit lieu,* et nouveau réuni à l'Eglise catholique, apostolique et romaine, depuis son abjuration de l'hérésie, a toujours assisté avec une assiduité exemplaire aux exercices publics de nostre religion et fréquenté les sacremens de la pénitence et de l'Eucharistie, aux termes ordonnés par les saints Conciles, et vécu dans notre dite paroisse sans reproche de vie et de mœurs ; en foi de quoi lui avons expédié la présente, pour lui servir ainsi qu'il avisera, ce 15 juillet 1703.

Signé : Ant. Truchet, *prieur* et *curé.*

Je soussigné, prieur de la chartreuse du Val Ste-Marie-en-Bouvante, certifie à tous qu'il appartiendra que M. Terrot, résidant dans le lieu du Pont-en-Royans, est venu dans notre dite chartreuse la semaine sainte, pour se préparer à faire ce qu'un véritable chrestien est obligé dans ce saint jour et, pour cet effet, il fut quelques jours dans la retraite parmi nous, assista aux offices avec dévotion et fit sa confession au vénérable père dom Marc-Antoine Griot, pour lors vicaire de notre maison. C'est la pure vérité, et pour en rendre témoignage j'ai fait et signé la présente déclaration pour lui valoir et servir en tant que de besoin. — Audit lieu du Pont, le 22 mai 1702. »

« Signé : J. BARTHELEMI, prieur susdit, et au replis dudit certificat est le cachet dudit prieur, avec la légende : *Monasterium Vallis Santæ Mariæ.* »

———

La chartreuse de Val-Sainte-Marie, fondée par le dauphin Guigue, en 1146, était située à Bouvantes-en-Royans, où l'on voit encore ses ruines ; elle était assez importante. C'est là où le Dauphin Humbert Ier, après l'avoir richement dotée, fut finir ses jours et y mourut le 12 avril 1307 (1).

Il paraît que ce prince affectionnait le Royannais et allait souvent chasser dans les vastes forêts d'alentour ; cela s'explique par le voisinage de son château de Beauvoir ; il avait à Bouvante, au do-

(1) Humbert Ier, sire de la Tour-du-Pin et de Coligny, avait épousé, en 1673, la princesse Anne qui par la mort de son frère était devenue seule héritière du Dauphiné, ce mariage lui valut le titre de Dauphin ; son fils Jean, qui avait épousé Béatrix de Hongrie, fut père de Guigue VIII, qui avait toutes les qualités pour faire un grand prince, mais qui, malheureusement, ayant été tué au siége du château de la Perrière, à l'âge de 24 ans, laissa la couronne à son frère Humbert II, prince vaniteux et incapable, qui, pour devenir généralissime de la croisade, accabla ses peuples d'impôts, et, grevé de dettes, finit par céder ses États au roi de France le 23 avril 1343. Il embrassa ensuite la vie monastique, et

maine de la Correrie, un pied-à-terre qui existe encore; c'était une maison carrée, bâtie en tuf, voûtée jusqu'au galetas, avec des murs qui avaient près de trois mètres d'épaisseur. J'ai couché dans un cabinet pratiqué dans l'épaisseur du mur.

Le dauphin chassant dans les grands bois qui sèparent Bouvante de la vallée de Quint, s'y égara, et fut recueilli par deux charbonniers nommés Bouillane et Richaud; ce prince fut si content du bon accueil que lui firent ces braves gens, qu'en reconnaissance il les ennoblit eux et leur postérité, qui s'est beaucoup multipliée dans le département de la Drôme, et qui, dans toutes sortes de conditions, faisait toujours précéder ses noms de la particule attachée à la noblesse; mais comme dans tout il y a des abus, et que tous les personnages de ce nom ne descendaient peut-être pas des deux charbonniers ennoblis, ce doute avait donné lieu à un dicton populaire. *C'est un noble de Quint.*

Au surplus l'assemblée générale de la noblesse à Romans, rendit hommage à un des descendants des

---

entra, sous le nom de frère Humbert, dans le couvent de dominicains qu'il avait fondé à Beauvoir; il se rendit à Avignon où, dans un seul jour, il fut promu à tous les ordres écłésiastiques; peu de mois après, le pape le nomma archevêque de Rheims et patriarche d'Alexandrie; il mourut à Clermont le 22 mai 1355. C'est lui qui avait fondé le monastère des chanoinesses de Saint-Just-en-Royans, dont sa mère, Béatrix de Hongrie, fut la première abbesse; l'abbaye ayant été saccagée par les protestants, les chanoinesses se réfugièrent à Romans. Leur vaste maison est aujourd'hui occupée par les sœurs de Saint-Just, modestes et estimables institutrices, bien plus utiles que leurs riches et nobles devancières.

bûcherons ennoblis. Louis de Bouillane de Saint-
Jean se rendit à Romans auprès de M. de Bardonnanche, qui l'affubla d'une épée et le présenta à
l'assemblée comme la plus ancienne noblesse du
Dauphiné. Pendant la tenue des Etats il fut admis
à la table de M. de Bardonnanche, et lorsque, à la
réunion, on lui demandait son vote, il répondait
toujours : « Je vote comme M. de Bardonnanche. »

Sublime exemple de l'empire de la fourchette,
qui, depuis lors, a été bien souvent suivi (1).

Malgré le défrichement des forêts, il paraît qu'il
est encore facile de s'égarer dans les grands bois
qui séparent Bouvante du Vercors. Lors de la visite
pastorale que fit monseigneur Chatrousse, évêque
de Valence, dans son diocèse, il partit de Bouvante
avec son grand vicaire pour aller coucher à la Cha-
pelle-en-Vercors, en traversant les montagnes, sous
la conduite d'un guide expérimenté, un orage épouvantable, suivi de pluie et de grêle, les surprit au
milieu des bois ; le guide effrayé perd la tête et
abandonne monseigneur dans cette critique position ; le grand vicaire, plus alerte, pique son cheval et aperçoit un abatis de bois et quelques cahu-
tes en paille ; il appelle du secours, les bûcherons
arrivent et monseigneur est sauvé, très-heureux de
passer la nuit sous le chaume, entouré par les
soins de ses hôtes improvisés.

(1) Je tiens ces détails de la bouche même de Louis Bouillane.
Il prétendait être la branche aînée des nobles de Bouillane et en
posséder les titres, mais je ne les ai jamais vus.

Le surlendemain, Monseigneur de Valence, déjeunant à Pont-en-Royans, nous raconta lui-même les péripéties émouvantes de son voyage, qui rappelle l'ancienne aventure du Dauphin, et fait naître la réflection que le prince avait donné la noblesse et l'évêque sa bénédiction à des gens qui auraient certainement mieux aimés quelques pièces de monnaie.

Quelques chroniqueurs prétendent que ce fut Louis XI qui, dans sa jeunesse, avait pris le titre de Dauphin et était venu habiter le Dauphiné, que c'est lui qui s'égara en chassant dans les bois de Quint et qui, poursuivi par un ours, fut sauvé par les deux bûcherons, Bouillane et Richaud, qui tuèrent l'ours, et en reconnaissance le Dauphin les ennoblit et leur donna pour armoirie des pattes d'ours.

Ce dernier récit, qui peut être le vrai, ne fait que déplacer les dates, et vient à l'appui de ce que j'ai dit ci-dessus, et en corrobore la véracité.

Au surplus, cette chartreuse, dont le plan existe à la Grande-Chartreuse, possédait de très-beaux domaines dans son entourage, et des forêts immenses: les bois et terres de Lente, Pionnier, la Courrerie, Chaillard, Pélandrie, la Rue et Péroux lui appartenaient. Elle possédait aussi de vastes vignes à Choranche, et tous les ans deux cents hectolitres de vin allaient s'encaver à la chartreuse de Bouvante; elle fut vendue en 1791 comme bien national, ainsi

que toutes ses dépendances, et les vandales
qui l'avaient achetée presque pour rien, s'em-
pressèrent de la dèmolir pour en vendre les matériaux. La municipalité de Saint-Jean-en-Royans eut
soin de s'approprier l'autel en marbre et les boise-
ries du chœur dont elle a décoré son église, et qui
font encore l'admiration des connaisseurs. En sorte
qu'aujourd'hui le cri du hibou remplace la cloche
des matines, les ronces et les épines couvrent ce
lieu retiré et solitaire, séjour autrefois de la prière
et de la méditation.

NOTES

SUR LA

FAMILLE LACROIX SAINT-PIERRE

DE CHABEUIL

———

Mon grand-père maternel, Lacroix-Saint-Pierre,
avocat au Parlement et juge mage de Chabeuil,
rendait la justice au nom du prince de Monaco, duc
de Valentinois, dont les armoiries sont encore sur la
porte de la ville ; ses jugements n'étaient appela-
bles qu'au Parlement, il avait des pouvoirs très-
étendus et condamnait à toutes peines correction-
nelles. Ma mère, qui s'exagérait peut-être ses
pouvoirs judiciaires, m'avait dit qu'il pouvait même
condamner à mort, mais qu'il n'en avait jamais usé ;
au surplus, un acte de son ministère qui se renou-
velait souvent et qui forme un bien grand contraste
avec notre tolérance religieuse actuelle : Lorsqu'à
Chabeuil, où il y a assez de familles protestantes,
naissait un enfant appartenant à ces dernières, le
juge mage endossait sa robe magistrale et suivi de
quelques sergents de quartier, se rendait à la maison du nouveau-né, le faisait arracher des bras de
sa mère qui jetait les hauts cris ; transporter à l'é-

glise et baptiser, et ensuite on le rendait à sa mère. Telle était la loi de l'époque, *dura lex sed lex*.

Mon aïeul, Lacroix-St-Pierre, avait deux sœurs, l'une avait épousé M⁰ Brenier, avocat à Saint-Marcellin, aïeule du général de division vicomte Brenier de Montmorand et de M. le baron Brenier, ancien ambassadeur, aujourd'hui sénateur. Ce dernier issu de M. Brenier-Renaudière, cadet de la famille, qui, après avoir épousé une demoiselle Robin-Descotes, quitta St-Marcellin et devint archiviste de Monsieur, comte de Provence, depuis Louis XVIII (1).

L'autre sœur de mon aïeul se maria avec M⁰ Martin, notaire à Chabeuil, et de ce mariage naquirent un fils et quatre filles; deux de ces dernières se marièrent à Chabeuil, les dames Place et Falquet, et les deux autres à St-Marcellin, avec deux procureurs, Mᵐᵉ Charbonnier (2), et Mᵐᵉ Dongier, belle-mère de M. Bocon de la Merlière, dont le fils unique, Humbert, homme de lettres, est allé, je crois, mourir à Alger, où il rédigeait le journal l'*Akbar*. Quant à ma grand'mère, Elisabeth de St-Germain, qui, se-

(1) Le père du général Brenier qui était cousin-germain de ma mère, fut tué au siége de Toulon; je tiens d'un vieux soldat digne de foi, qui servait sous ses ordres, qu'à l'assaut du petit Gilbratar qui était la clef et le Malakof de Toulon, les français reculaient sous la mitraille, le commandant Brenier leur cria d'une voix forte et grasseyeuse (sic) *en avant, camarades, en avant!...* Il dit, et mourut au champ d'honneur; le fort fut pris, et les artilleurs anglais se firent hâcher sur leurs pièces.

(2) Aïeule de M. Charbonnier, aujourd'hui juge de paix de Saint-Marcellin et membre du conseil d'arrondissement.

lon le privilège de sa famille, était parvenue à un
âge très-avancé sans infirmité, elle était fille de
M. de St-Germain, receveur des tailles à Valence,
sœur de M. de St-Germain, fermier général, qui
périt sous la hache révolutionnaire, laissant une seule
fille, Adélaïde de St-Germain, mariée plus tard à
M. le comte de Montalivet, ministre de l'intérieur sous
le premier empire ; ils étaient cousins-germains,
attendu que la mère de M. de Montalivet était aussi
une St-Germain, sœur du fermier général, en sorte
que ma grand'mère était tante maternelle de M. de
Montalivet et tante paternelle de madame la comtesse.

Du mariage de M. Lacroix-St-Pierre, juge mage,
et de Mme Élisabeth de St-Germain, naquirent cinq
enfants : trois filles, Marthe Lacroix Saint-Pierre,
ma mère, Mme Borel de la Rochette, de Die ;
Mme Martin, de Chabeuil, et deux fils, l'un prêtre,
et l'autre, son fils aîné, qui, après s'être marié
avec une demoiselle Chevandier, de Die, où il
était receveur du grenier à sel, est mort juge de
paix à Chabeuil.

De ce dernier mariage étaient nés quatre enfants :
trois demoiselles, mesdames Viguier-Châtillon, Bou-
varet, Boveron, et M. Louis-Lacroix-Saint-Pierre,
secrétaire général du ministre de l'intérieur, qui
avait épousé en 1813 Mlle de Nanteuil, de Paris, et
qui est aujourd'hui représenté par les dames Tes-
sier, de Grenoble; Chalandon, de Lyon (1), ses deux

(1) Un frère de M. Chalandon est archévêque d'Aix.

filles, et par M. Albert-Lacroix-Saint-Pierre, son fils,
chevalier de la Légion d'honneur, membre du
Corps législatif et du Conseil général de la Drôme ;
ce dernier possède la belle et verte campagne
patrimoniale de Saint-Pierre, près Chabeuil, qu'il
affectionne et embellit tous les jours.

NOTES

SUR

LA FAMILLE ÉZINJEARD

DE SAINT-JEAN-EN-ROYANS

———

Anne-Marie-Amélie Ezinjeard, née le 29 juillet 1805, du mariage de Louis-Etienne-Joseph Ezinjeard, et de dame Jeanne-Marie Roux, fille et petite-fille de notaires.

Louis-Etienne-Joseph Ezinjeard, mon beau-père, qui était d'une taille remarquable, avait été nommé capitaine dans le 3ᵉ bataillon de volontaires de la Drôme, en 1791. Il fut ensuite incorporé dans le 18ᵉ régiment de ligne, servit en Espagne sous le général Dugomier, et se retira premier capitaine du régiment; il fut nommé juge de paix du canton de Saint-Jean, en 1807, et est décédé le 30 septembre 1830. Son père, Etienne Ezinjeard, qui était petit-fils d'une dame Jeanne Barnave, avait épousé, en 1763, sa parente Marianne Barnave, de Saillans, cousine germaine de notre illustre et éloquent député à l'Assemblée nationale; il fut nommé notaire à Saint-Jean en 1764, et fut successivement nommé membre des États du Dauphiné en 1787, et, en cette qualité, figura à l'Assemblée des trois ordres à Vi-

zille; premier maire et premier juge de paix de
Saint-Jean ; en 1791, il fut élu par l'assemblée élec-
torale de Valence membre de l'Assemblée législative, où il siégea jusqu'au 22 septembre 1792, à
laquelle époque l'Assemblée nationale législative
fut remplacée par la Convention ; il fut ensuite commissaire du gouvernement près l'administration mu-
nicipale du canton de Saint-Jean, et enfin nommé
par l'empereur Napoléon Ier, président du canton de
Saint-Jean, et invité, par lettre particulière, à assister à son sacre.

J'ai retrouvé par hasard cette lettre, qui est sur
une feuille grand papier vélin, doré sur tranches, et
dont voici la copie :

« Monsieur Ezinjeard père, président du canton
de Jean-en-Royans (Saint), arrondissement de Valence, département de la Drôme ; la divine Providence et les constitutions de l'Empire ayant placé
la dignité impériale héréditaire dans notre famille,
nous avons désigné le onzième jour du mois de frimaire prochain pour la cérémonie de notre sacre et
de notre couronnement ; nous aurions voulu pouvoir, dans cette auguste circonstance, rassembler
sur un seul point l'universalité des citoyens qui
composent la nation française ; toutefois, et dans l'im-
possibilité de réaliser une chose qui aurait eu tant
de prix pour notre cœur, désirant que ces solennités reçoivent leur principal éclat de la réunion des
citoyens les plus distingués, et devant prêter, en
leur présence, serment au peuple français, confor-

mément à l'article 52 de l'acte des constitutions en date du 28 floréal an xii. Nous vous faisons cette lettre pour que vous ayez à vous trouver à Paris vers le sept du mois de frimaire prochain, et à y faire connaitre votre arrivée à notre grand-maître des cérémonies. Sur ce nous prions Dieu qu'il vous ait en sa sainte garde. Écrit à Saint-Cloud, le 24 brumaire an xiii.

« Signé : NAPOLÉON.

« Le secrétaire d'État,

« Hugues MARET. »

La famille Ézinjeard n'est plus représentée aujourd'hui que par Mᵐᵉ Anne-Marie-Amélie Ézinjeard, épouse de l'auteur de ces notes.

Toute reproduction est formellement interdite.

Vienne, impr. de SAVIGNÉ.

www.ingramcontent.com/pod-product-compliance
Lightning Source LLC
Chambersburg PA
CBHW052211270326
41931CB00011B/2303